TAUROEÏS
LES THERMOPYLES MASSALIOTES

FRANCK SOLÈZE

TAUROEÏS
LES THERMOPYLES MASSALIOTES

© 2025 Franck Solèze

Édition : BoD · Books on Demand, 31 avenue Saint-Rémy,
57600 Forbach, bod@bod.fr
Impression : Libri Plureos GmbH, Friedensallee 273,
22763 Hamburg (Allemagne)

Illustration : Solèze / Carrieri

ISBN : 978-2-3225-1623-0
Dépot légal : janvier 2025

Il y a plus de héros dans l'ombre que dans la lumière

alan makambo

Préambule

Si vous venez de lire Tauroeïs cité de Poséidon, je pense pouvoir deviner vos intentions et je vous invite à lire la suite du Crépuscule des Massaliotes directement à la page 17, quant aux autres, l'introduction va être difficile si vous n'avez pas lu les deux volumes précédents. Comment vous dire, vous allez lire les échos temporels de l'année 49 av J.-C, que j'ai recueillis quasiment journalièrement cet été 2024. Mais qu'est-ce qu'un écho temporel, me direz- vous? Si vous cherchez dans le dictionnaire, vous ne trouverez absolument rien, ce qui vous éveillera peut-être une certaine suspicion qui sera enrichie en lisant ce livre si vous n'avez pas l'entendement qui convient pour aborder ce genre de récit. Cependant, vous avez acheté cet ouvrage, donc si ce n'est pas le fruit d'un pur hasard, normalement vous devriez être averti du type de contenu auquel vous attendre.

Alors, allons-y franco : un écho temporel est une résurgence énergétique ou émotionnelle d'un événement passé à sa date anniversaire dans l'année. Comment cela fonctionne me direz vous? Toujours pareil, je ne vois pas de meilleure explication que de prendre l'exemple d'un meurtre. Quelqu'un a été tué, on emporte le corps et si on a un minimum de sensibilité on va ressentir comme l'empreinte énergétique et émotionnelle de ce qui s'est passé et bien l'écho temporel c'est la résurgence de ces fréquences résiduelles comme je les appelle, à la date anniversaire de l'événement. J'ai pris le temps de bien expliquer le phénomène dans Tauroeïs et non Tauroentum. Ce que je peux rajouter aujourd'hui, ce qui ne vous aidera pas si vous venez de rejoindre cette aventure temporelle, c'est que le meilleur moment pour lire les échos temporels distants (se plaçant en les surplombant d'un point dominant pour observer une ville ou un lieu) est entre le coucher du soleil et la nuit, soit le moment où les photons baissent considérablement, mais où la lumière est encore présente, soit le crépuscule. À savoir qu'une fois la nuit tombée il est beaucoup plus que difficile, voire impossible parfois, de relever des échos à distance : c'est le rideau énergétique. Par contre la nuit on peut continuer à les lire si on est proche de l'endroit où ils se sont passés, donc tous mes relevés de cette saison 2024 ont été relevés dans cet ordre, soit priorité aux prédominances (relevés globaux, bataille, fête, etc.) et lieux à relever se voyant à distance, et secondement, toutes les lectures précises, comme je les appelle, soit quasiment sur place. Ensuite parfois, un écho peut en effacer un autre dans la journée, car il va être plus fort en intensité émotionnelle. Il peut y avoir un événement, une bataille ou autre qui va partiellement effacer un évènement plus faible émotionnellement. Ce qui veut dire qu'il peut y avoir des absences dans les relevés, mais j'ai fait en sorte d'en ramener le plus possible. Je vis en 2024 et non en 49 av J-.C et si je me connectais toute la journée sur les échos temporels, je pense que cela ne serait pas raisonnable, du moins c'est une entreprise, un effort de concentration que je n'arriverais certainement pas à réaliser. Déjà les quelques heures de relevés journaliers ont été plus qu'éprouvants tout le long de cette saison 2024. Je me vois mal relever les échos toute la journée, mais sur un point ou un endroit précis cela peut être réalisable. Cette année j'ai effectué un premier dégrossissage, c'est-à-dire que j'ai fait les relevés sur une dizaine d'endroits : Tauroeïs (soit l'agglomération toulonnaise, Bandol, Sanary, les Embiez, le Brusc, Toulon, Six Fours, etc), Carcisis (Cassis), Massalia (Marseille), Cytharista (La Ciotat), Antipolis (Antibes), Nikaia (Nice), Athénopolis (Saint-Tropez), Hérakleia (Cavalaire), Olbia (Hyères), et c'est déjà pas mal vous me direz, et comment... Or rien ne m'interdit la saison prochaine, car la boucle temporelle que j'étudie recommence chaque année, de prendre un évènement, une journée et de m'y consacrer complètement pour la développer afin d'y prendre encore plus d'informations et de les ajouter à ce premier tableau général que les relevés d'échos temporels de cette saison 2024 ont dressés.

Vous savez ce qui vous attend maintenant dans de possibles rééditions. J'aimerais pouvoir couvrir, dans cette saison 2025 le siège de Massalia avec beaucoup plus de précision que je n'ai pu le faire cette année, soit d'un endroit élevé d'où je dominerai Marseille. J'y verrai ainsi toutes les positions des troupes, des batailles et les limites de la ville, bien que j'en ai déjà trouvé quelques-unes. Pour le siège de Massalia, je pense qu'une partie du camp romain était au quartier de la Valentine, soit caché derrière ces petites collines comme je le précisais dans Tauroeïs cité de Poséidon. Si vous voyiez d'où j'ai relevé le siège de Massalia cette année vous seriez surpris, soit d'une hauteur de Bandol. Quelle chance on a eu, car l'écho temporel a aussi un phénomène de distorsion dans l'espace que je ne me lancerai à tenter d'élucider scientifiquement, n'ayant aucun moyen pour cela, mais sur un écho temporel relevé à distance, selon l'endroit ou on se trouve, on peut avoir des informations supplémentaires si on change d'endroit. Cela agit un peu comme les photons qui seraient projetés et si la lumière passe de la zone source ou l'écho se trouve jusqu'à vous, il est possible en changeant d'angle de vision d'avoir d'autres échos. Il s'agit juste d'un phénomène de distorsion dans l'espace. Enfin tout cela ce sera pour les générations futures qui oseront les étudier.

Ensuite il y a des persistances, par exemple les fréquences résiduelles des Ligures sont de ce type et c'est une catastrophe pour la lecture des échos. Les fréquences résiduelles peuvent être toujours présentes, mais les Ligures sont bel et bien partis. Heureusement pour l'instant ce n'est arrivé qu' avec eux, sacrés cannibales, soit leurs fréquences pouvant être toujours visibles et les Ligures n'étant plus présents depuis quelques jours, encore faut-il que de nouvelles fréquences les effacent avec de nouveaux événements. Décidément ces Ligures sont difficiles à effacer, même 2000 ans après. Enfin, pour l'étude des échos temporels, il est préférable d'avoir un esprit vierge d'étude de textes sur les événements sur lesquels on travaille. C'est très important, comme pour une bande magnétique à enregistrer, il vaut mieux qu'il n'y ait jamais rien eu d'enregistré dessus précédemment. Sinon cela peut fausser votre recherche puisque vous cherchez à retrouver quelque chose et cela oriente votre esprit, faussant votre lecture. Rien de mieux que quelqu'un comme moi qui n'a jamais lu tout ce qu'un spécialiste de l'antiquité ou de l'ère romaine ou grecque aurait pu lire, car le cerveau cherche à faire des parallèles pour se rassurer ou comme pour une volonté d'adaptation et il n'y a rien de pire pour la lecture des échos temporels. Dans un premier temps, il faut avoir un esprit de lâcher-prise total soit " je ne sais rien ". La réalité des échos peut être beaucoup plus dure que celle à laquelle vous vous serez attendu, et parfois il pourrait y avoir des fréquences résiduelles que vous ne pouvez pas reconnaître, car vous n'êtes pas un barbare par exemple. Aussi pour moi, je dois le dire, il y a certaines fréquences que je n'aurais jamais reconnues si je n'étais pas moi-même descendu dans les noirceurs les plus abyssales de l'être humain en lisant quelques lettres du pire tueur en série du siècle dernier. Sans cela je n'aurais pas reconnu certaines fréquences venant de l'Antiquité et nous aurions été privés de leur contenu. Ceci a un rapport avec l'entendement, ce que nous entendons, et comme les pensées sont des sons, le tout fait votre entendement. En même temps, ce sont des fréquences qui appartiennent à la bassesse de l'esprit humain et on s'en serait bien passé, mais c'est comme ça, comme s'il y avait eu une volonté supérieure afin que je voie tout ce qui pourrait être vu de cette saison des échos temporels 2024 de l'année 49 av J.-C puisque j'ai lu ces lettres quasiment un mois avant le début de la saison. La lecture des échos temporels antique est parfois un exercice qui est plus que difficile, car comme vous j'ai un coeur et quand je lis une fréquence résiduelle de cannibalisme ou autre, je prends frontalement les fréquences résiduelles émotionnelles de l'événement, soit je suis le premier filtre brut. Ensuite je vous le retranscris et je vous le livre et vous pouvez vous en faire une idée, mais j'ai subi l'émotion brute et souvent, c'est assez difficile. Après le siège de Massalia et l'arrivée d'esclaves en masse, je ne suis plus arrivé a relever les échos de Massilia, comme vous allez pouvoir vous en rendre compte, c'était trop, c'était comme les camps de la mort presque, en sa version antique. J'ai mes limites comme tout le monde, peut-être quelqu'un qui a plus souffert que moi dans sa vie pourrait encaisser ces fréquences, mais moi je n'y suis pas arrivé. Donc il y aura des trous dans les échos et pour ceux-là c'est tant mieux vous me direz et même l'année prochaine je ne pense pas que j'irai faire ces relevés ou alors peut-être de la même façon que cette saison, soit une seule fois par semaine afin de me laisser le temps de récupérer. Je vais vous laisser maintenant avec votre livre car même si c'est moi qui l'ai écrit je n'en suis pas moins un esclave aussi, mais des échos temporels, soit de l'histoire. Cette histoire n'est pas celle que j'aurais voulue, n'en voulant aucune à la base, car c'est toujours mieux de mettre à jour des éléments qui seront facilement acceptés or c'est tout sauf le cas dans le récit qui va suivre. Voici l'histoire telle que je l'ai lue dans les échos temporel de l'année 49 av J-.C des Thermopyles massaliotes, soit de la volonté des Grecs vaincus, ayant perdu tous leurs comptoirs et leur capitale, restant seuls pour combattre les légions de César, afin de leur infliger le plus de pertes jusqu'à la mort.

Pour que vous ne soyez pas perdus dans les différentes localisations que j'utilise à chaque fois, vous pourrez trouver les plans de la forteresse des élites massaliotes du Brusc/Embiez à la page 292. Il vous sera donc inutile de vous référer à Tauroeïs et non Tauroentum, d'ou ils sont issus.

Ensuite je rappelle que je prends la nomination de grec alors que pour les Grecs de la côte d'Azur, on dit généralement les Massaliotes.

Je considère suite à mes recherches et trouvailles que Telon (toulon) est toujours Tauroeïs. Cependant je garde le nom de Telon pour désigner comme un quartier de Tauroeïs. Ainsi je désigne également les hoplites qui pourrait venir en aide à la forteresse les Telonnais.

En ce qui concerne le récit des échos temporels, pour bien comprendre la chronologie des différents lieu que je cite. Je commence par faire une lecture en prédominance, soit éloigné, des Embiez, Bandol, Massilia, Cytharista, Carcisis, ensuite je fais une lecture précise sur place de la Cadière, prédominance du Castellet et précise à nouveau sur Bandol et le Brusc . Ainsi si ça peut sembler parfois n'être que des répétitions, ce ne sont qu'une première approche puis une approche approfondie. Antipolis, Nikaïa, Athénopolis, Hérakleia, Olbia, port de Massilia ne sont faites qu'avec les webcams.

CHAPITRE 1

Dimanche 30 juin

<u>Embiez</u>
Il y a eu une attaque venant de la mer. Le Rouveau a été incendié par des galères romaines armées de catapultes. La population de la ville dans la lagune actuelle, étant terrorisée, s'est alors empressée d'aller vers le port nord de la ville-forteresse de Tauroeïs dans un mouvement de foule, en état de peur panique. En fait, c'était juste une manœuvre de la part des Romains pour impressionner. Ces derniers ont débarqué ensuite discrètement sur la côte sud du bras de terre des Embiez pour espionner la forteresse. Le petit Rouveau a également été bombardé. Le feu se consume. Des troupes ont débarqué et se sont engouffrées dans le dédale (situation sur le plan du bras de terre des Embiez) , stoppées par ce dernier. Comme les précédentes attaques, ils ont dû se replier et certains sont restés cachés pour espionner ou pour tenter d'entrer dans la ville plus tard. La grande muraille défensive, soit le pourtour complet de la ville forteresse, est prête au combat et attend l'attaque de ses ennemis. Le débarquement

au sud du bras de terre des Embiez à droite de la pointe du Cougoussa a eu plus de succès, les troupes romaines sont au pied des murailles. Elles essaient d'établir un camp. Une riposte de catapulte les fait finalement fuir. Les habitants de la ville sont rassurés et retournent dans leurs murs.

Bandol

César est satisfait de l'attaque et du repérage qui a été fait. Les informations recueillies sont pour lui très précieuses. De nouveaux ordres et directives sont donnés à son quartier général (dans l'ancienne salle de réception des appartements des chefs grecs, au château à Bandol). La ville est sereine, les habitants s'adonnent à faire ce qu'ils ont à faire, en dehors des attaques sur la forteresse-ville de Tauroeïs. César prend un bateau pour Massilia. Il semble que ce soit pour une opération commerciale, va-t-il vendre Massilia?

Massilia

Effectivement César se transforme en commercial pour vendre Massilia, mais je ne sais pas à qui. Pour l'instant il leur dit de laisser les murailles vu l'expérience de l'attaque des Ligures au Castellet. Il arrive du côté est du port et fait effectuer une visite de la ville en longeant la côte, le front de mer, soit Massalia sous son plus bel angle. Résultat : accord non conclu, ville non vendue. Ceux qui ont fait la visite repèrent les défenses et pensent à prendre la ville par la force. La ville est toujours morte, il n'y règne aucune activité. Sur la muraille de Massilia, des Romains font des railleries sur la défaite des Grecs : ''Ils ont finalement été terrassés, là où ils sont maintenant ils ne font plus les fiers, etc.''

Un homme fait partager une découverte, un couloir interne caché, un aqueduc souterrain ?

<u>À La Cadière</u>

Le chef (il s'appelle Itaricus Gaius Septentrion, c'est le premier nom que j'ai réussi à extirper des échos. À ce sujet, septentrion est son grade, ce qui me pousse à échafauder une théorie. Septentrion veut dire le nord, il est au nord de Bandol qu'il garde. Le grade de septentrion dénoterait-il d'une organisation militaire? armée du nord, sud, est, ouest, du coup en cas d'attaque surprise par exemple, au nord , chacun saurait déjà ce qu'il a à faire, ce serait l'armée ou les troupes du nord qui devrait réagir en première face à l'attaque pour éviter une désorganisation globale, ce n'est qu'une théorie et je n'ai trouvé aucune trace de ce grade dans les textes) est dans une colère noire, certainement à cause de l'attaque des Ligures, même s'il y a eu des représailles, il a encore de la haine et voudrait attaquer à nouveau d'autres tribus et en finir avec les Ligures, mais ce ne sont pas les ordres de César actuellement. Dans l'acropole, les soldats ont également qu'une seule préoccupation, aller pourchasser les Ligures. (je me cantonnerais à les appeler les Ligures mais normalement ce sont, par rapport à leur situation géographique soit proches Massalia jusqu'au massif des Maures, les Ségobriges[1]. Or dans l'histoire, les Grecs ont fait soi-disant la paix avec eux à leur arrivée, avec un mariage avec Gyptis, la fille de Nannos, leur roi. Une version cotonnée grecque de leur colonisation selon moi, un peu comme les Romains cachent leur génocide. Vu leur cannibalisme exacerbé en 49 av J.-C, je doute que 550 ans avant, à l'arrivée des Phocéens, cela ai été différent et qu'il y ait eu un mariage avec la fille d'un cannibale, mais je n'ai aucun élément pour étayer cette thèse, en même temps comme le mythe du taurophore de la naisance de Tauroeïs définie par Artémidore d'Éphèse que je critiquais dès le début, j'ai finalement trouvé, je pense, le petit golfe ou l'échouage initial a eu lieu donc maintenant je suis en accord avec cette version. Pour revenir au Ségobriges, à la mort de Nannos, son fils Comanus fit une attaque de Massalia digne de celle de Troie[2])

Cytharista

En rentrant sur Bandol, par voie de terre cette foisci, César passe à nouveau en ville pour réitérer ses ordres de finir rapidement le travail, il s'agit de tout nettoyer afin de permettre la construction de riches villas romaines. Il leur donne un ultimatum, une date limite.

---

[1] Ségobriges

[2] Persée , la prise de marseille par les Ségobriges : un échec

Au Castellet, les Romains finissent la nouvelle muraille en bois, le camp typique romain que l'on connaît tous. Le Castellet est un camp militaire maintenant.

Au col du Beausset, finalement, les Romains ont anéanti le camp ligure, le chef ligure ''noir d'âme'' a été tué, le camp a été rasé. Les Romains trouvent encore des restes de leurs semblables. Des Ligures se sont enfuis, les soldats ont ordre de ne pas les poursuivre dans la forêt.

Bandol

Dans un moment de colère César a fait voler ses cartes, peut-être de ne pas avoir pu vendre Massilia ou si un accord a été conclu, il ne lui convient pas.

Embiez (lecture sur place)

Les habitants ont eu donc un mouvement de panique vers le port et la muraille. Au bastion sud, tous les soldats sont montés sur les remparts pour observer l'attaque. C'est un branle-bas de combat, il y a un déplacement d'hoplites vers l'ouest de la forteresse sur les remparts.

Dans la tour fortin, le chef, soit le Strategos, d'abord surpris, a eu peur et en même temps a été content d'avoir la possibilité d'en découdre. En revenant, les soldats ont compris que ce n'était qu'une petite attaque, ils étaient presque déçus. En conséquence, ils revoient les positions de défense, déplacent plus d'hommes côté Embiez (le Brusc est à l'est, les Embiez sont à l'ouest) comprenant que l'attaque ne se fera pas par voie de terre immédiatement soit par l'est. Le mouvement de foule s'est fait vers la zone de rangement des bateaux (20 sur le plan), les gens sont rentrés de force dans les galères, terrorisés, ils voulaient partir directement.

CHAPITRE 2

Lundi 1 juillet

Antipolis (Antibes)
Les Ligures se sont installées en masse en l'absence de muraille. Le bastion à la place de l'actuel fort Vauban a été pris.
Nikaïa (Nice)
Les Ligures ont également attaqué Nikaïa. Ils buttent sur les remparts défensifs.
Olbia (Hyères) est toujours Gréco-Domitienne (voir Tauroeïs cité de Poséidon)
Athénopolis (Saint Tropez)
Les Romains tiennent la position, ils ont ordre de ne pas sortir de la cité.
Cavalaire (Hérakleia)
La cité grouille de Ligures.
Brusc
Une bonne nouvelle est arrivée au bastion sud, à la zone d'entraînement. Les habitants de la ville sont aussi touchés et concernés par cette nouvelle, ils en sont également enjoués. Des personnes récupèrent des éléments au temple de Perséphone. Les Romains ont laissé des espions qui tentent de s'infil-

trer. Ils attendent le temps venu. Ils ont été largués en mer et sont venus à la nage.

<u>Bandol</u>
César reçoit une femme. La ville est priée de faire aucun bruit.

<u>Massilia</u> (Marseille)
Il y a des prêtresses romaines qui viennent effectuer des rites de purification dans les rues de la ville, encens, etc.. Quelqu'un va être accueilli et célébré, des préparatifs sont faits. Leur bateau s'est accosté sur le port et elles sont descendues à quai (quai est), au moins une vingtaine de prêtresses et elles commencent les rites de purification sur le côté est de Massalia, Massilia maintenant que la cité est romaine. Parfois les prêtresses ont peur d'un simple bruit et reviennent en courant sur leur pas. À certains endroits le ressenti qu'elles éprouvent est vraiment très noir, peut-être le lieu d'anciens brasiers où se trouvent des âmes en peine errantes, qu'elles détectent, comme elles sont sensibles. Elles en sont effrayées. Encensoirs et prières à tout vent, elles jettent des petites feuilles aussi, j'ignore de quels arbres ou plantes. Certaines retournent aux bateaux, elles ont peur. La ville a gardé son linceul de fréquences noires. Elles reviennent et se disent intérieurement qu'il y a quelque chose qui ne va pas dans cette ville. Certaines faisaient également des chants, elles ont stoppé net leurs complaintes et

sont retournées aux bateaux. La ville maudite, ou encore empreinte du génocide qui s'y est déroulé.

Les gardes des murailles entendent des bruits suspects, ils se sentent observés. Il semble que ce soit des Ligures qui viennent en repérage. De temps en temps, des Ligures cachés jettent une pierre contre la muraille, pour voir combien de gardes sortent et réagissent.

<u>Cytharista</u> (je garde la nomination grecque de la ville, car j'ignore le nom romain qui lui a été attribué par ces derniers, idem pour les autres villes grecques annexées) a encore été attaqué par les Ligures du fait que romains aient démonté les murailles. Certains Romains plongent dans la mer pour échapper au sort lugubre que les Ligures leur réservent. Après l'attaque, les feux de cuisson se voient de loin.

<u>À Carcisis</u> les Ligures se sont empêtrés dans les pièges qu'avaient faits les Grecs auparavant dans le couloir et n'ont pas pu progresser. Ils se sont alors rabattus vers Cytharista ou ils sont en nombre.

<u>La Cadière</u>

Itaricus, le chef, a de la peine, car il y avait des personnes qu'il connaissait dans les victimes des Ligures à Cytharista. Les légionnaires ont également le cœur lourd pour la perte de Cytharista, de plus ils n'ont pas pu aller les aider. Ils ont dû et doivent rester sur place pour assurer l'arrière-garde de César. Ils ont vu les brasiers au loin et savent ce que cela signifie. Une légion est partie du camp romain du siège de Massalia pour en découdre et résoudre le problème définitivement semble t il, sur les positions nord Ligures connues.

Bandol

César reçoit une femme, un grand cérémonial est exécuté pour l'accueillir. La ville a encore l'ordre de ne faire aucun bruit, ils ne doivent pas être dérangés sous aucun prétexte. Il la reçoit, puis j'ignore de quel code relationnel cela peut-il s'agir, peut être une invitation à aller plus loin, il s'assied devant elle et enlève ses sandales, soit il la reçoit pied nu. Puis ils montent vers la chambre panoramique, sans arrière pensée dans un premier temps si ce n'est que de voir le spectacle en plein romantisme pour l'instant. Elle lui tend le bras, puis il embrasse sa main, remonte jusqu'à son cou. Il l'embrasse dans le cou puis ils s'enlacent. Après avoir fait l'amour, il fait tomber je ne sais pas quoi, elle rigole. Ils se rhabillent et vont dans une autre partie des appartements. Puis il dit je ne sais pas quoi, elle se vexe et s'en va, il a du travail ou quelque chose du genre.

Embiez (lecture sur place)

Des renforts sont arrivés, la ville est rassurée. Les hoplites et la population se mélangent, des femmes font des conquêtes pensant que ça leur assurera la sécurité, du moins ça les rassure le temps d'un moment. Les renforts d'hoplites sont dans toute la muraille et les bastions, les hommes sont ravis, on dirait des personnes qui étaient parties pour un long voyage et qui sont revenues, certains se connaissent, etc. Un banquet de réception est donné à la tour fortin, ce sont les grandes retrouvailles avec les chefs. Ils sont venus pour se battre à leur côté, des sacrés guerriers.

Mardi 2 juillet

Ce jour-là j'ai fait grève suite à une attaque odieuse sur Facebook, d'une personne du milieu certainement, cachée sous un pseudonyme. Donc nous avons perdu ce jour et je suis sûr que de son ego démesuré, il sera fier de cette interruption. C'est un travail de concentration harassant et je n'ai pas besoin de coup bas ou de tir dans les pattes, enfin dans le milieu tout le monde sait de qui il s'agit je pense et il est possible que des reproches lui soient faits et ce ne serait que justice.

CHAPITRE 3

Mercredi 3 juillet

<u>Antipolis</u>
Le camp est moins dense, des Ligures sont retournés dans leur camp soit contemporainement, les collines de Vallauris. Ils exposent des corps sur les murs du bastion à la place du fort Vauban actuel face à la mer pour inciter les navires à ne pas accoster (ils se souviennent encore de l'arrivée massive des Domitiens). Ils brûlent et mangent les prisonniers progressivement. Il y a même un rituel. Il y a des sorciers, ou je ne sais quoi qui font des accompagnements, des rites pré-cannibalisme.

<u>Nikaïa</u>
Les Romains ont juste eu le temps de fuir, les Ligures ont finalement pris la ville.

<u>Olbia</u> reste toujours gréco-domitienne

<u>Port de Massilia</u>
De nouveaux bateaux romains arrivent.

<u>Brusc</u>
La Muraille a subi un renforcement, la ville s'est vidée, il y a dû avoir un départ de navires emportant la population. Le temple de Perséphone est fermé.

Hérakleia
Des troupes romaines sont arrivées par voie de mer, les Ligures se sont cachées pour les surprendre, les Romains ont dû courir pour rejoindre leurs navires et sont repartis.

Bandol
César reçoit des convives au dîner. Ils sont escorté militairement, la ville est au garde à vous, le silence est requis pendant leur visite, ce qui commence vraiment ennuyer les citadins.

Massilia
La cité est réinvestie doucement par des peuples déplacés, ils ne sont pas là de par leur propre choix. Ils n'aiment pas trop cette ville, ils la trouvent noire, Massilia ne s'est pas débarrassée de son voile énergétique sombre. Les nouveaux arrivants ont l'impression que les murs les regardent. Les nuits sont très obscures, tout s'éteint on dirait, absolument tout. Le camp romain de l'assaut a été déserté, je pense donc que l'un d'eux était à la Valentine, peut-être le camp principal. Pour combattre le problème ligure, les Romains ont commencé la déforestation entre Aix et Marseille, semble-t-il.

À Carcisis,
les Romains ont fui par la mer. Considérant qu'il n'y avait plus rien à manger, les Ligures n'ont pas attaqué la cité. Ils ont vu, déçus, leur repas s'en aller.

Cytharista
est toujours ligure, mais le camp est moins dense, ils pêchent sur la bande côtière.

Massilia

De nouveaux arrivants contemplent les couchers de soleil. Ils disent que cette ville est maudite, quand ils ferment leur porte le soir, aucun prétexte ne les fera la rouvrir pendant la nuit.

La Cadière

Les Ligures ont refait leur type d'attaque par les falaises, en masse, c'est pour ça qu'il y en avait moins à Cytharista, mais cette fois-ci, ils sont tombés sur l'élite des soldats romains, arrière-garde de César et se sont fait éradiquer. Les Romains ont eu quelques pertes quand même, ceux surpris pendant leur sommeil ou par traîtrise. Itaricus, le chef, a été touché à la tête, il est souffrant, peut-être mourant. Les soldats soignent leurs plaies, ils espèrent qu'il n'y aura pas d'autre attaque massive, car ils ne sont plus assez nombreux pour la contenir.

Le Castellet

Le camp romain n'a pas été attaqué, ils ont assisté à l'attaque de la Cadière et ont envoyé des hommes à cheval pour prendre part aux combats sans vider leur camp, leur aide a été juste utile pour le découragement des Ligures, car ils ne sont arrivés pratiquement qu'à la fin. Ceux qui étaient restés au camp avaient vraiment peur, conscients de leur sort s'ils tombaient aux mains des Ligures, soit de servir de repas.

Bandol

César a une entrevue, un compte rendu, avec un gradé ou autre qui vient faire son rapport de situation. On sent qu'il a peur, ce doit être le problème ligure. Ordre est donné de lever plus de troupes. Puis César écrit un message et fait partir un messager. En fait, les voies romaines, ce sont le fil téléphonique, le télégramme à cheval de l'antiquité, les légions les longent, je pense, et non les empruntes en file indienne, clairement.

La jolie jeune fille, esclave grecque, qui lui avait été amenée lors du génocide de Massalia est revenue semble-t-il, elle était là, lors de l'entrevue avec ses lieutenants ou autres, derrière à attendre. Elle est jeune, gentille et innocente. Elle voit en lui comme un père protecteur et a comme barrière défensive une certaine candeur que César respecte. Néanmoins elle est obligée de passer par l'acte. Elle se sert de son accès à la nourriture pour en faire profiter d'autres serviteurs. Elle est puante de simplicité, et d'innocence, ce qui calme César. Une fois César endormi, elle prend une lampe à huile et fait sa petite vie de femme libre dans les appartements, pendant quelques heures.

Brusc

Au bastion nord, les hoplites sont prêts au combat, ils ont fait leur entraînement et se sont bien nourris.

La ville ne s'est pas vidée, pas de nouveau voyage, tout le monde a ordre de rester dans l'enceinte des trois murailles. L'accès au temple de Perséphone est toujours fermé. Les hoplites se sont attelés à aider à la construction des bateaux, cela progresse bien. Le bastion sud est très renforcé, presque en sureffectif, la grande muraille est prête au combat, bondée d'hoplites valeureux venus pour se battre. Le chef regarde les étoiles pour essayer de deviner l'avenir et son sort, les dieux lui donneront-il la victoire ? Il énumère les constellations, sur la terrasse de la tour fortin. Il s'appelle Foxtraon, Strategos de la ville forteresse des élites de Tauroeïs, c'est le deuxième et dernier nom que j'ai réussi à extirper des échos. J'aurais préféré un nom qui sonne plus grec, mais voilà. Les Romains lui en veulent vraiment, apparemment il est vraiment à craindre en tant que général de part ses victoires passées certainement.

CHAPITRE 4

Jeudi 4 juillet

Antipolis est un camp ligure, une multitude de corps suspendus s'amassent à la place actuelle du fort Vauban toujours.
Nikaïa
Il commence à ne plus y avoir grand monde à manger, ce qui les énerve.
Port de Massilia
Des populations arrivent de plus en plus au port côté "est" (le quai de débarquement) en priorité.
Hérakleia
Un débarquement romain plus important a eu lieu, mais ils ont été également repoussés par les Ligures.
Brusc
Les hoplites de la grande Muraille défensive "est", sont surentraînés, les habitants de la ville sont en préparatif pour le départ.
Massilia
Les femmes font des célébrations, des rondes, des danses, fleuries, ils fêtent je ne sais quoi. C'est le côté est de la ville qui se remplit à petit feu de la

nouvelle population. Les premiers arrivés sont les mieux servis soit sur le front de mer, là où César avait fait sa visite. La ville se remplit de ce nouveau sang. Plus il y a de gens, plus la ville se dés-ennoirci. Sur la muraille, il y a toujours des bruits suspects parfois (Ligures en repérage). Le camp romain du siège de Massalia est vide. Des hommes pêchent en bord de mer au lancer de filet.

<u>Cytharista</u> est toujours ligure, le camp est en bord de mer.

<u>Carcisis</u> reste toujours vide.

<u>La Cadière</u>

Itaricus gaius Septentrion est mort, pas de ses blessures. Un homme qui voulait sa place peut-être ou pour je ne sais quelle raison, peut-être en punition de son cannibalisme (voir Tauroeïs cité de Poséidon p 242). Ils sont venus à plusieurs, ils l'ont maintenu et l'un d'eux l'a étouffé. Avec ses blessures, sa mort passera pour normale. Suite à l'attaque ligure, les hommes montent la garde en permanence maintenant, des pics et pièges sont ajoutés en haut des falaises, de l'huile est jetée sur la falaise.

<u>Le Castellet</u>

Le camp est en berne pour la mort de Septentrion, peut-être que les hommes les plus fidèles étaient là-haut. Un légionnaire, assis et penché en avant, remue doucement la terre avec un bâton, dépité.

Bandol

César a appris la mort de Septentrion, il est dépité, c'est un moment très noir dans son quartier général, il fond en larme, seul. Il se retire dans sa chambre sans un mot, c'est comme perdre un bras pour lui. Sa petite esclave grecque, le petit oiseau, ne l'amuse plus, il lui demande de le laisser seul. Dans la chambre panoramique, le soleil ne luit plus, il s'allonge comme un sac sur son lit. Juste avant, dépité, se sachant seul, à l'abri du regard des autres, il était entré dans la chambre en pleurant. La nuit sera sans sommeil. L'aube n'éclairera qu'à peine le fond de son âme.

Brusc

Les hoplites du bastion nord sont contents, de nouvelles lances sont arrivées. Une bonne partie de la ville est partie, il ne reste plus qu'un tiers de la population, soit plus grand monde.

Au baston sud, les nouvelles lances sont arrivées également. Ils se sentent prêts.

À la tour fortin, Foxtraon a invité je ne sais qui à manger et il leur a fait un discours, certainement avant leur départ. Ces derniers n'ont aucun intérêt pour ces paroles, ça leur fait une belle jambe, ils ne pensent qu'à partir. Foxtraon envoie des ordres aux bastions sur la côte. Les positions sont à renforcer. En fait hier, je ne l'avais pas marqué, j'avais jugé ça trop farfelu, Foxtraon s'est fait tout un délire avec les étoiles et les constellations. Il fait des associations, une chronologie dans la demande d'aide aux dieux ,des constellations, cherche la bonne combinaison dans le bon ordre pour avoir la victoire assurée, ordre de prières, etc, et le lendemain il passe l'ordre aux différents fortins afin d'honorer tel ou tel dieu, constellation, d'honorer et de mettre quelque chose en leur direction pour que cette association, cette bonne combinaison leur donne la victoire.

Le nouveau bateau est bien parti, on a donc la date de la fin de la construction. Si le temps passé pour réaliser les différentes constructions, navales ou terrestres, semble exagéré de par son court terme, il ne faut pas oublier, du moins pour les considérer, le facteur esclave. Il y a une grande différence entre 10, 20 hommes qui construisent un bateau ou 50 ou plus.

Vendredi 5 juillet

<u>Antipolis</u> est toujours un camp ligure, maisons et tentes se mélangent. Finalement, ils font descendre les corps des pendus du bastion à l'emplacement du fort Vauban actuel, pour récupérer s'il y a quelque chose à manger, car cela commence à manquer.

<u>Nikaïa</u>

Les Ligures investissent la ville doucement, mais comme les Romains ont fui, il n'y a rien à manger, du coup la ville perd tout intérêt à leurs yeux. (de par leur position de leur camp principal à Vallauris actuel, normalement ce sont la tribu des Décéates[3])

Port de Massilia
Le côté "est" du port s'anime doucement, il commence à revivre.

Hérakleia reste toujours ligure

Embiez
Sur la grande muraille est, les hoplites se concertent entre eux, il y a un problème. La ville est également affectée.

Bandol
César est en deuil total et perdu. La ville est tenue d'être en deuil également.

Massilia
Les nouveaux arrivants commencent de grands travaux dans les champs, remise en place des cultures, etc. Il y a des gardes pour les surveiller et également les protéger en cas d'attaque ligure. Un homme, jeune, essaye de s'échapper, il est tué. Dans la cité, une nouvelle vie s'organise autour du travail. Certains vont à côté des temples détruits, malgré les tas de pierres, ils s'y sentent bien. La ville ré-émerge doucement, mais un calme des montagnes y règne encore. On dirait qu'un camp ligure s'est rapproché de la ville, en toute discrétion.

---

[3] Décéates voir biblio. Num.

Cytharista La majorité des Ligures sont partis, car il n'y a plus rien à manger, quelques-uns sont restés pour la pêche.

La Cadière

Le corps d'Itaricus a été amené et inhumé au sommet du Castellet avec tous les honneurs dûs à son rang. C'est César lui-même qui a allumé le brasier pour un dernier au revoir à son ami, puis il retourne à Bandol comme on redescend dans un gouffre noir. L'Acropole est en deuil, en berne. La tristesse gagne les innocents de son meurtre.

Le Castellet

Au préalable, des légionnaires surveillaient sa dépouille dans un ordre militaire implacable.

Bandol

César revient du cérémonial avec le moral dans les chaussettes, la ville est comme en acclamations, mais en mode deuil. Des femmes pleurent, César apprécie. Son quartier général est noir de ses sentiments obscurs, il commence à ne plus l'aimer comme s'il avait été entaché par ce deuil.

Brusc

Au bastion sud l'ordre règne et tous les hoplites sont prêts au combat.

En ville, il reste toujours un tiers de la population. Ils ont commencé la construction d'un nouveau bateau.

À la tour fortin

Foxtraon élucide des plans de défense sur des cartes. Il trace de nouveaux pièges. Il a demandé qu'on ne le dérange pas pour qu'il soit au calme pour réfléchir. Il fait des calculs, des mesures à la main levée. (donc ma théorie comme quoi Archimède aurait très bien pu faire les pièges de Tauroeïs s'effondre, car Foxtraon est aussi mathématicien et lui comme un autre aurait très bien pu faire les plans des pièges stratégiques de la forteresse.)

CHAPITRE 5

Samedi 6 juillet

<u>Antipolis</u>
Il n'y a plus rien à manger, les Ligures commencent à repartir dans les terres.
<u>Nikaïa</u>
Les Ligures sont toujours dans la cité, ils s'installent doucement.
<u>Port de Massilia</u>
Le début du port côté ouest commence à être utilisé par des bateaux. Le port côté "est", lui, est rempli de navires.
<u>Hérakleia</u> reste toujours sous occupation ligure.
<u>Olbia et Athénopolis</u> semblent finalement être abandonnées. Les gréco-domitiens en sont partis.
<u>Brusc</u>
En ville, les derniers habitants attendent patiemment le prochain convoi. La grande Muraille semble avoir subi une attaque.
<u>Bandol</u>
César est sorti avec sa garde à cheval, il est monté à La Cadière. Il fait une enquête sur la mort d'Itaricus. Une fois sorti du noir, il a eu un mauvais pressenti-

ment. La ville a peur que César se fâche comme il est profondément blessé intérieurement.

Massilia

Un camp ligure s'est finalement posé sans être repéré autour de la ville. Ils n'ont pas encore attaqué, ils envoient des nageurs en repérage. Dans les champs, une femme croit voir bouger quelque chose dans les arbres, elle alarme, mais personne ne voit rien. La cité se remplit doucement, de plus en plus, ce qui efface progressivement sa noirceur énergétique qui diminue jour après jour. Des gardes disent qu'il y a quelque chose qui ne va pas. Ils se sentent épiés et qu'en cas d'attaque, ils seront en nombre insuffisant. Un messager est envoyé pour signaler les craintes à César. Le soir, il y a cette femme qui était vraiment inquiète et qui regarde en permanence vers le lieu où elle a vu bouger des branches dans la journée. Ses sens lui indiquent de s'inquiéter.

Cytharista

Il ne reste que les Ligures pêcheurs au bord de la mer.

La Cadière

César est monté à la Cadière, car il se doutait que quelque chose n'était pas clair à propos de la mort de Septentrion, après avoir envoyé des espions. Un homme a été torturé, supplicié et est exposé à l'oratoire actuel. La petite servante grecque, son petit oiseau, est montée avec lui, elle est à la bâtisse des chefs, seule. César mène les interrogatoires. Il fait passer les hommes un à un devant lui et leur demande s'ils ont étouffé Itaricus, et regarde leur réaction. Si la personne interrogée a peur ou si César sent que la personne flanche, c'est le début de l'enfer pour lui. Le reste du camp ignore qu'un interrogatoire a lieu.

<u>Au Castellet</u>, les légionnaires se doutent qu'il se passe quelque chose vu l'homme exhibé à l'oratoire . Troublé, et toujours en deuil, ils comprennent ou ont l'information qu'il y a eu trahison et son prosternés.

<u>Bandol</u>

En son absence, dans la partie salle à manger, des serviteurs ou personnes se laissent aller, vin etc.

CHAPITRE 6

Brusc

Une attaque a bien eu lieu, cinq ou six petites embarcations, chacune chargée d'une vingtaine d'hommes, soldats d'élite ou mercenaires, soit une centaine d'hommes au total, lancés par un lieutenant de César qui gère ce type d'attaque. En passant devant le bateau en construction, ils ont essayé de faire des dégâts qui restent superficiels. Puis bêtement, ils se sont engouffrés dans la porte qui monte au dédale devant le bastion sud. Ces petites embarcations ont du pouvoir passer sous la chaîne. Dans ce type d'attaque comme la dernière fois (voir Tauroeïs cité de Poséidon p 216), les hommes se retrouvent retranchés au même endroit, c'est-à-dire qu'à un moment de l'ascension, vers le bastion sud, ils sont obligés de se replier, repoussé par quoi je l'ignore, des tirs certainement et ils se retrouvent tous retranchés dans un carré en cul-de-sac, bloqués. La dernière fois cela avait duré un jour, cette fois-ci les Grecs les ont criblés de flèches directement comme la dernière fois. La muraille n'a été qu'à moitié inquiétée. Foxtraon a suivi l'attaque. Il demande qu'on lui amène trois têtes pour les expédier à César. Il rumine encore sa vengeance et va s'entraîner au tir de lance, cette fois-ci pas de pleurs, que de la rage. On lui amène un prisonnier de l'attaque, il se bat avec lui pour se défouler puis le tue, lui laissant sa chance au combat, à armes égales. Il achève l'homme lui-même.

La ville a eu peur, les habitants sont partis vers l'ouest de l'île pour fuir la proximité de l'attaque.

Puis Foxtraon continue ses plans et autres pour se calmer, avec les étoiles aussi, etc.

Dimanche 7 juillet

Brusc

La muraille défensive est prête au combat à nouveau. On fait faire la visite à quelqu'un d'important qui réalise une inspection. Les habitants de la ville sont confiants. Il n'y a plus aucune activité grecque en dehors de l'enceinte de la muraille défensive, triple remparts, etc.

Bandol

César a trouvé les coupables et s'est vengé. Une fois rentré à Bandol, il est maintenant un peu plus libéré de sa souffrance puisqu'il a rendu justice à son ami. Des coupables sont encore exposés en ville. Les gens leur crachent dessus etc.

Massilia

Les Ligures ont attaqué la ville. Ceux qui ont pu sont partis avec la flotte. Heureusement beaucoup ont pu embarquer au final. Ils ont dû se réfugier sur l'île du Ratonneau peut-être. C'est une maigre récolte de personnes à manger pour les Ligures, mais quand même. Ils se baladent dans la ville vide, et regardent les maisons, constructions avec des yeux écarquillés, ils n'en reviennent pas. Il n'y avait pas assez d'hommes pour défendre la muraille, et beaucoup ont préféré fuir avant l'assaut. Les Ligures se perdent dans la ville, s'arrachent les cheveux, ils ne trouvent personne. Massilia est à nouveau une coquille vide, ce qui gêne les Ligures. Ils préfèrent ramener les prisonniers dans leur camp et la suite on la connaît. En ville, ils ne sont également pas rassurés, car ils ont peur que des soldats se cachent etc. Ils n'ont fait qu'une cinquantaine de prisonniers environ. Heureusement, tous les autres ont pu fuir en bateau dès le début de l'attaque.

Cytharista

Il reste toujours la présence de quelques Ligures isolés en bord de mer.

La Cadière

César a décidé de laisser son petit oiseau à la maison des anciens chefs grecs de La Cadière. Elle lui a fait des remontrances à propos de ses méthodes, sa gouvernance et le fait d'avoir fait torturer les coupables. En conséquence, en partant, pour lui apprendre les responsabilités et la réalité des choses selon lui, il a décidé de la laisser seule à l'Acropole de la Cadière, en reine des lieux. Tous les soldats étant repartis pour Bandol, l'Acropole étant abandonnée, car n'étant plus sûre. Elle se sent comme un meuble dans la maison des chefs. Le calme est revenu. Le camp a été levé, en partant il lui aurait dit globalement " je te rends ta liberté, je te fais reine de cette place'', qu'elle doit garder toute seule pour qu'elle apprenne et se rende compte des réalités.

<u>Le Castellet</u>

Il ne reste que quelques hommes pour tenir le brasier de présence allumé. Où sont les légions ? Les légions sont dans l'arrière- pays, elles brûlent la forêt et exterminent tous les Ligures qu'elles rencontrent. Elles font une première tranchée puis se rabattent doucement sur la côte par bande, soit un quadrillage pour n'épargner aucune position.

<u>Bandol</u>

Le camp romain est à Bandol, ils sont tous descendus (l'entrée du camp est au niveau du casino actuel). Il y a une réunion au quartier général avec les chefs (lieutenants ou autres), des envois de messagers, un chef part, ordres donnés, renseignement pris, etc. César fait toujours pareil, il pose les questions, et après réponses il donne les ordres. Massilia étant prise, il a dû ordonner le retour de troupes pour la reprendre et régler le problème ligure sur la côte. Il s'est couché seul, son petit oiseau lui manque, il demande à ses gardes qu'on aille la chercher demain et se couche.

Embiez

Au Bastion sud, tous les hoplites sont au garde à vous pour le passage de la personne importante. En fait il est venu seul en visite et n'a pas amené de troupes, juste son navire et ses hommes. La ville se sent honorée. La muraille entière est fière et au garde à vous pour recevoir cet hôte.

À la tour fortin :

Il s'agit de quelqu'un qui vient de Grèce possiblement, peut-être un homme politique ou un philosophe, très important en tout cas et il vient voir celui qui a décidé de résister à César seul, soit Foxtraon. Il lui donne de l'argent pour l'aider de la part de donateurs et lui accorde son soutien moral ou accueil dans ses terres si Foxtraon accepte le repli. C'est quelqu'un d'une grande cité, peut être d'Athènes. Un appartement lui est attribué dans la tour fortin. Il se soucie du sort des gens de la cité, il pense qu'ils vont tous mourir. Il pense que Foxtraon est fou et qu'il va tous les mener à la mort sans aucune raison valable. Peut-être est-il venu pour le raisonner. Il demande à son serviteur d'aller lui procurer je ne sais pas quoi, pour l'aider à dormir, puis s'endort.

CHAPITRE 7

Lundi 8 juillet

<u>Antipolis</u>
Finalement les Ligures aiment bien la ville, ils avaient dû aller chercher leurs affaires. Le fort est nettoyé, ils ont mangé les corps qu'ils avaient exposés et ont rependu les squelettes après, os, etc.

<u>Nikaïa</u>
Les Ligures s'installent également, il y a des conflits entre des chefs.

<u>Olbia</u> la cité est abandonnée en fait, mais depuis quand? J'ai manqué le départ des Domitiens.

<u>Athénopolis</u> est abandonnée également

<u>Hérakleia</u> reste toujours Ligure

Au Port de Massilia, des Ligures restent en bout de port. Ils se préparent pour faire des embuscades aux bateaux qui accosteraient.

<u>Embiez</u>
Il y a eu un suicide, la ville, comme la grande muraille, est affligée.

<u>Bandol</u>
César a retrouvé sa dulcinée, son petit oiseau. Le camp est sur le pas de guerre, les légionnaires font

une nouvelle grande enceinte dans les collines bien après l'ancien sanctuaire de temples grecs.

Massilia

Les soldats du fort extérieur sont venus, ils ont rasé le camp ligure à l'extérieur de la ville et ont repris une bonne partie de Massilia. Le restant des Ligures est barricadé au bout du port. Les légionnaires veillent à tenir les positions sur la muraille à nouveau. Ils attendent que les bateaux viennent nettoyer le dernier pan ligure du port. Ils découvrent les restes au camp, certains pleurent même s'ils ne connaissaient pas les victimes. La muraille est leur refuge des Ligures isolés qu'ils pourraient rencontrer en ville. Il n'y a plus aucun bruit suspect autour de la muraille, mais dans la ville cette fois-ci (pierres jetées sur les murs ou autres). Les gardes sont confiants, mais comme l'escalade ou le franchissement des remparts est la spécialité des Ligures, certains d'entre eux disparaissent dans la nuit et du trou de gardes fait dans la muraille, quelques Ligures en profitent pour s'enfuir et retrouver la forêt. Quelques-uns sont passés. Peut-être pour chercher des renforts. Plus tard le lendemain, ils arrivent à un camp important pour demander de l'aide, mais les légions sont passés par là et on commencer l'épuration par quadrillage en bande, soit ils brûlent toute la forêt et dès qu'ils trouvent un camp ligure, ils tuent et brûlent tout le monde. Les Ligures tombent sur ce spectacle de désolation, tout n'est plus que cendre, quelques os dans les cendres leur laissent comprendre ce qu'il c'est passé. Ils sont perplexes, médusés du spectacle, ils ne savent plus où aller. Leurs yeux se glacent de vide.

La Cadière

Le petit oiseau a eu peur toute la nuit évidemment, son royaume étant vide. Quand elle a entendu les chevaux, elle a d'abord eu très peur, puis elle a vite été rassurée et finalement heureuse de voir que César la rappelait. Elle part à cheval avec eux, derrière l'un d'entre eux. L'Acropole est vide. Sa nuit : elle avait peur dès qu'il y avait un petit bruit, elle se levait pour aller voir etc, à chaque fois ce n'était qu'une petite bête, chauve-souris, etc.

Le Castellet

Quelques Ligures sont venus prendre les quelques hommes qui tenaient le brasier et ont éteint le feu pour que d'autres viennent. Ils prévoient de faire une excursion de repérage à la Cadière demain.

Bandol

César attend son petit oiseau à sa porte, elle arrive et il la prend dans ses bras. Il lui dit quelque chose comme ''on se rend compte de la valeur des choses quand on ne les a plus'', et qu'il ne le refera pas cette erreur. Il lui demande pardon (à l'intérieur et à l'abri des regards et des oreilles) puis il lui demande si elle a faim, elle mange évidemment. Une fois rassasié, ils s'enlacent, ils vont dans la chambre. Après avoir fait l'amour, le panorama de la chambre leur semble plus beau qu'avant. Il lui demande de rester là, il doit travailler. Elle reprend sa petite vie de petit oiseau du château. Au quartier général, c'est ordre de bataille, plan de bataille etc. Puis au bout de quelques heures de travail, il retourne voir sa belle.

Brusc

Au bastion nord, c'est un sentiment de déshonneur, la ville est endeuillée, il y a des pleurs, des évocations du malheur qui va s'abattre sur eux. Au Bastion sud, c'est un coup dur pour le moral des hoplites, ils sont tous affligés. En fait la personne importante s'est suicidée en laissant un mot pour que sa mort ne soit pas inutile, comme ''je meurs pour que vous partiez tous afin de sauver vos vies''. Foxtraon est affligé également et est poussé à la réflexion. Il doute un peu, il veut organiser un vote pour tous les hoplites, pour connaître leur position, rester pour combattre jusqu'à la mort ou partir ?

CHAPITRE 8

Mardi 9 juillet

<u>Brusc</u>
Le Corps du défunt passe dans la muraille, tout le monde est aux hommages militaires. Le temple de Perséphone étant fermé, la cérémonie se fait dans le temple derrière le bastion sud, normalement dédié à Héraclès. La ville assiste aux funérailles et rend hommage également.

<u>Bandol</u>
Il y a une stupeur dans la ville.

<u>Massilia</u>
Finalement les Ligures ont trouvé un camp qui n'avait pas encore été rasé par les légions romaines. Avec ces nouvelles troupes, ils sont revenus sur Massilia et ont repris la muraille. La victoire a été fulgurante, ils sont arrivés en masse, et les défenseurs ont offert peu de résistance. Une fois sur la muraille et leur victoire acquise, ils ont crié fort dans le ciel. C'était la première fois pour cette tribu qu'ils prenaient Massalia, cette ville qu'ils avaient toujours jugé imprenable où ils s'étaient tant de fois brisés. Là, la plupart des prisonniers ont été amenés sur le port

où il y a un festin final, dont on connaît le déroulement. Des Ligures restent sur la muraille où quelques un d'entres eux s'offrent un mini festin. Sur le port, ils font leur espèce de rite bizarroïde et ignoble avec ceux qui sont encore vivants avant de les cuire. Comme d'autres fois, les condamnés voient ce qui les attend en étant spectateur de ce qui est fait aux autres. Une troupe de Ligures était partie pour Cytharista également, arrivés au bord de mer, ils n'ont trouvé que d'autres Ligures et n'ont pas attaqué évidemment. Ils n'avaient pas dû être prévenus et voulaient faire également une attaque. Ils étaient très nombreux. Ceux qui les ont prévenus sont traités en héros (ceux qui s'étaient au préalable échappés de Massilia) et le chef leur demande ce qu'ils veulent en échange, d'abord méfiant et prêt à les tuer, il acquiesce finalement. Les hommes ne voulaient que de l'aide. Des cadeaux leur sont faits, un cheval.

<u>À Carcisis</u>, finalement la place a été prise par des Ligures, mais il s'agit plus de prêtres, ils y font des cérémonies, culte, etc. La tranquillité de la ville est propice pour ça.

<u>La Cadière</u>

Les Ligures qui étaient passées à Cytharista sont venues à La Cadière pour voir s'il y avait des troupes romaines : personne. Déçus, ils sont répartis, ils ont laissé un homme seul à la résidence des chefs. Il est chargé de les rejoindre pour les prévenir si quiconque venait à l'Acropole.

Au Castellet

Les Ligures font des cérémonies, quelques hommes sont brûlés, mais ils ne sont pas mangés, peut être d'un clan rival.

Bandol

Dans la ville et le camp, tout le monde a peur. Le petit oiseau de César l'a poignardé au repas. Deux trois coups de couteau rapides. Elle s'est emparée d'un couteau de table et l'a frappé frénétiquement. Il a crié et ses gardes sont entrés pour la maîtriser. S'étant projeté au sol en arrière, il avait déjà empoigné son bras, et le retenait malgré la douleur. Son regard n'était plus le même, ces yeux avaient changé, en une fraction de seconde le petit oiseau s'était transformé en diablotin malveillant, une seconde de basculement ou toute la souffrance accumulée, cachée, déniée était ressortie d'un coup. Elle avait peut-être attendu ce moment depuis le début, ce moment où il aurait toute sa confiance. Elle avait caché ses funestes desseins mêmes à elle-même, faisant abstraction de son être profond, et ce moment où rassurée d'être sûre de l'amour que César lui portait, de par la nuit d'amour qu'ils venaient de passer, elle s'était réveillée en une seconde. Comme si en face d'elle, elle avait eu quelqu'un dont elle avait réussi à faire baisser sa garde. À ce moment-là, le sentant sans défense, le petit oiseau s'était senti plus fort que lui et était passé à l'attaque.

Les gardes les ont séparés. César crie, les médecins arrivent, il la regarde partir, il crie de la jeter aux fauves, les gardes s'exécutent. Plus tard, en soin, il réalise qu'il a tout perdu, trahi et si seul dans sa souffrance, d'abord son ami et maintenant la traîtrise meurtrière. Rares sont les hommes qui connaissent ce degré de souffrance. Plus tard, il est malade, peut-être une plaie s'infecte, dans ces délires elle lui revient, il l'appelle, il n'a pas réalisé tout de suite la portée de ses mots, mais elle n'est plus là, elle a été jetée aux fauves. Sa mort a été rapide et sans souffrance, juste la peur extrême avant la mort. C'est un tigre, le tigre de César qui lui a rompu le coup. Raison pour laquelle les Romains font exécuter des peines de justice par les fauves, car cela déclenche une peur viscérale, les gens en ont tellement peur que ça les pousse à se tenir à carreau la plupart du temps. César est vraiment atteint. C'est durant cette nuit d'amour qu'elle s'était rendue compte qu'elle ne serait jamais sa femme, mais qu'il la considèrerait toujours comme son esclave et qu'elle ne serait que le jouet de son plaisir. Elle était partie du lit pour aller pleurer plus loin, puis la noirceur avait commencé à la ronger. Elle avait alors commencé à ruminer sa vengeance. Elle a essayé de l'assassiner par amour finalement, à cause de trop de souffrance.

CHAPITRE 9

<u>Brusc</u>
La ville est triste. Malgré la fermeture du temple de Perséphone du fait qu'il soit en dehors des murailles, un homme a été ordonné d'y monter pour faire une offrande pour le défunt. Il a donné sa vie pour que tous les hoplites et guerriers partent, mais pas un d'entre eux a pensé et pensera une seule seconde à partir. Ils sont tous soudés, avec leur chef. Pour Foxtraon, plus le deuil s'efface, plus le retour à la réalité revient, soit l'envie de combattre, le besoin de vengeance et de faire le maximum de dégâts aux troupes de César. Il a hâte de retrouver entièrement son esprit combatif ainsi que celui de tous ses hommes.

Mercredi 10 juillet

<u>Antipolis</u>
Les Ligures sont toujours présents. Il y a des règlements de compte entre rivaux, pour la place de chef certainement.

Nikaïa est toujours ligure également.

Port de Massilia

Les Ligures sont partis, le festin est fini.

Embiez

La muraille sort progressivement du deuil. La vie reprend son cours.

Bandol

Dans l'après-midi, César va mieux, son bras est pansé en bandoulière, il demande à ce qu'on lui montre les restes. Il arrive sur place, voit la tête et quelques parties encore non mangées par le tigre (c'est un tigre, il casse le cou de ses victimes).

Il la regarde intensément et demande au garde qu'on prenne les restes et qu'on exécute les rites funéraires. Plus tard, il revient là où les rites sont faits. Il y a de la fumée autour du corps. D'abord calme devant le corps, finalement il s'énerve, tout lui revient. Il lacère son visage avec une lame et demande que ces restes soient brûlés. C'était une passion destructrice entre deux êtres dont l'un avait beaucoup plus de pouvoirs que l'autre. Il s'est souvenu que son père César III (lui est le quatrième du nom) lui avait dit de ne jamais avoir de relation avec les esclaves. Il a fait partir un messager avec ordre d'arrêter celui qui lui avait amené la prisonnière grecque à Massalia. Puis il s'est remis au travail à son quartier général, pour tout oublier, mais quand il rentre à nouveau dans sa chambre tout lui revient. Insomnie, il retourne dans son QG, il pète les plombs.

Dans son lit ensuite, il a toujours mal, très mal, mais physiquement cette fois-ci. Il se sent tout petit ce soir dans son lit. La ville a retenu son souffle un moment avec la peur de le perdre, les habitants se demandant ce qu'ils deviendraient sans lui.

Massilia

Les Ligures commencent à casser la muraille, ils font une saillie, une porte d' accès au sud-est, soit au niveau du Prado. Ils établissent leur camp en dehors de l'enceinte, vers les plages du Prado. Ceux qui étaient venus les aider rentrent dans leurs terres, ceux qui restent, pêchent. Ils font une fête au camp, pour la victoire de la côte retrouvée, cris, clameurs au coucher de soleil.

La Cadière

Le ligure resté en arrière s'ennuie, il s'invente des jeux débiles, il est à moitié fou, c'est d'ailleurs la raison pour laquelle il a été choisi pour faire l'arrière garde.

Le Castellet

Des cavaliers arrivent et crient, ils demandent s'il y a quelqu'un et repartent.

Cytharista

Il reste très peu de Ligures sur la côte, deux ou trois feux.

À Carcisis

les prêtres ligures font des rites qui n'ont ni queue ni tête.

Embiez

Ils construisent toujours un bateau qui ne va pas tarder à être prêt. Au bastion sud, ils sont remis du deuil.

À la tour fortin, Foxtraon est toujours dans ses plans et ses calculs, il prépare des pièges. Le corps a été inhumé. Il a un peu craqué à un moment. Il ne s'est pas senti aidé par le suicide de la personne importante. Il éprouve un sentiment d'injustice totale. Il pense qu'il devrait être totalement soutenu, se sentant du côté des justes, que son action de combat suicidaire est également justifiée. La personne importante leur a tout simplement montré ce qu'ils allaient faire avant qu'ils ne le fassent en combattant, se suicider en fait. Foxtraon reste toujours dans ces calculs même tardivement. Il met au point un piège avec des lances.

Jeudi 11 juillet

Brusc

Muraille et tour fortin

Tous sont fiers d'avoir pris la décision de rester pour se battre afin de faire le maximum de dégâts aux troupes de César (ils ne savent pas ce qui les attend). La ville est fière d'eux également. Malgré que cela soit interdit, deux, trois personnes sont montées au temple de Perséphone pour faire des offrandes, certainement pour la personne importante qui s'est suicidée.

<u>Antipolis</u>

Les Ligures sont toujours présents.

port de Massilia

Il y a un débarquement massif de troupes romaines côté ouest. Ils reprennent le port. Le combat est difficile avec les Ligures sur le quai est. Les Ligures tiennent la position, peut-être un bastion.

<u>Olbia</u>

Il y a une arrivée de Ligures, peut être ont il été rabattus par le ratissage romain.

<u>Hérakleia</u> reste toujours Ligure.

<u>Bandol</u>

César va mieux, physiquement et psychologiquement.

<u>Massilia</u>

Des troupes romaines sont arrivées par voie de terre et ont récupéré les murailles. Les Ligures ont fui. Ils n'ont pas combattu en voyant la masse de soldats présents. Les derniers Ligures résistent au bastion du port. Ils n'en ont plus pour longtemps. Après la prise d'une position, les hommes boivent dès qu'ils le peuvent. Il a fait chaud, ils ont soif. Les combats finis, ils attendent les ordres.

<u>Cytharista</u>

Il reste toujours des ligures en bord de plage.

<u>Carcisis</u> est toujours occupée par les prêtres.

La Cadière
Comme les légions de César brûlent la forêt en quadrillage d'ouest en est puis retour pour rabattre les Ligures vers la côte et en finir, quelques cavaliers dont le village a été rasé arrivent à La Cadière. Ils tuent le ligure de garde et le mangent, ils avaient faim. Ces ligures-là venaient des terres profondes, puis ils repartent.

Castellet
Des hommes allument des torches pour indiquer leur position. Peut-être des Ligures encore qui ont été rabattus.

Bandol
Celui qui lui avait amené l'esclave grecque lors du siège de Massalia est arrivé. Il est mis dans l'arène avec des gladiateurs, et il se fait tuer évidemment. Il doit crier "pardonne-moi" à César avant d'être achevé. César regarde et écoute, toujours le bras en bandoulière, de loin, devant la porte de son QG. Dans sa tête, dans son raisonnement, le coupable c'est lui. Une fois qu'il entend la mise à mort, il rentre dans ses appartements d'un retour de cape et dit quelque chose. Une fois assis à son QG, il est noir de haine, très noir. Il a envie d'en finir rapidement avec ces terres et de rentrer chez lui. Des ordres partent à nouveau du QG, trois messagers pour trois destinations différentes. Le soir, harassé par tout cela, il se couche directement en étant toujours très fatigué par sa blessure.

Embiez
Au Bastion nord, ils sont fiers et déterminés, ils pensent qu'ils vont rentrer dans l'histoire comme les héros célèbres. Les habitants de la ville attendent la fin de la construction des bateaux et se laissent bercer par les températures de l'été. Il a fait chaud aujourd'hui. Le bateau est quasiment fini. Au bastion sud, fier et déterminé, les hoplites veulent également entrer dans l'histoire. À la tour fortin, Foxtraon est absent.

Vendredi 12 juillet

Brusc
Il y a une fête à la grande muraille, au bastion sud et à la ville également.

Bandol
César est malade, ils ont fait venir quatre ou cinq médecins, la ville est inquiète. En délirant sous la fièvre il voit l'âme de la petite grecque qui le torture.
Au port de Massilia, il y a un débarquement massif, le port est plein, le bastion a été repris aux Ligures. Les Romains brûlent encore de la forêt autour de Massilia côté est pour avoir plus de visibilité et empêcher les Ligures de venir s'y cacher à nouveau. Des troupes partent pour renforcer le fort extérieur dont les soldats étaient venus pour reprendre Massilia. Ils reconsolident les murailles. La ville est tou-

jours une coquille vide. Quelques Ligures se sont enfuis dans le massif des calanques.

Cytharista

Sur un col, des feux sont allumés par les Ligures pour que les survivants des batailles plus au nord, réalisées par les légions, se rassemblent, comme au Castellet.

Carcisis reste toujours inchangé.

La Cadière

Quelques Ligures s'y sont réfugiés et regardent les flammes du Castellet en pensant que c'est un piège.

Le Castellet

Effectivement c'est un piège, ce sont des Romains habillés en Ligures, ou des alliés qui sont là pour tuer tous ceux qui auraient pu échapper à l'épuration au nord et qui se rabattent vers le sud. Ils appartiennent aux légions des attaques contre les Ligures par quadrillage.

Bandol

César est malade, les médecins lui font boire des potions, il vomit, après il va un peu mieux. Dans son quartier général, il mange de la viande pour récupérer, il reprend légèrement des forces. Il recommence à donner ses décisions à son QG comme il peut, mais moins longtemps que d'habitude. Il va se coucher, mais tout est noir autour de lui. Ses pensées sont noires, il pense qu'il va mourir.

<u>Embiez</u>

Au Bastion nord, il y a une fête, en ville également, mais elle est moindre. Le bateau est fini.

Au Bastion sud c'est la fête également. (fête pour le départ?)

Tour fortin

Foxtraon n'arrive pas à faire la fête, il pense à celui qui s'est suicidé. Ses plans pour ses nouvelles machines et pièges sont prêts. Il continue ses calculs avec les constellations pour la bataille, pour voir si quelque chose a changé. Après vérification, rassuré, il va se coucher.

CHAPITRE 10

Samedi 13 juillet

Antipolis et Nikaïa sont toujours Ligures. La chaleur change les comportements, c'est la détente.
Olbia est toujours abandonnée, idem Athénopolis.
Port de Massilia
Il y a un grand débarquement de population des deux côtés du port.
Hérakleia est toujours ligure.
Embiez
Les Romains effectuent un bombardement incendiaire au niveau du grand Gaou, la ville est terrorisée.
Bandol
César a l'air d'aller mieux, il mange beaucoup, la ville est rassurée.
Massilia
La ville est réhabilitée en masse, aux frontières d'abord, pour pouvoir alerter en cas d'attaque.
Les populations sont revenues plus d'autres encore également. Ils sont prêts à retravailler dans les champs. C'est une population d'esclaves. Un tri est fait pour ceux qui vivront en bord de mer, soit les

serviteurs uniquement. L'implantation de soldats sur les murailles est plus importante que la précédente. Il y a beaucoup de chiens pour assurer la garde. Des rondes sont organisées en quasi permanence. Celle qui regardait la forêt fixement est revenue, plus rien ne l'inquiète maintenant. Les bateaux repartent pour chercher d'autres esclaves.
<u>Carcisis et Cytharista</u> restent toujours ligures.
<u>La Cadière</u>
Des Ligures très primaires rescapés de l'épuration des légions occupent l'ancienne place d'Itaricus. Ils sont une dizaine. Un ancien esclave échappé s'est aventuré dans l'acropole, il a été tué et mangé. Ils sont affamés, pris par la faim, ils ont un comportement exacerbé.
<u>Le Castellet</u>
Le piège fonctionne toujours. Ils essaient de faire le moins de bruit pour tuer les Ligures qui se rabattent vers eux. Ils attendent la relève.
<u>Bandol</u>
César reprend des forces doucement, il revient de loin. Il a plus de facilité pour prendre ses décisions. Il mange même dans son lit avant dormir. Couché, il lit des rapports, il a repris du poil de la bête. Il donne quelques ordres à ses serviteurs. Des troupes sont parties par voie maritime.
<u>Brusc</u>
La muraille a bien été attaquée côte bastion sud, deux cohortes au moins ont débarqué par l'ancien

port du Mouret puis les romains ont positionné leur camp en ligne le long de la colline du mont Salva. Une attaque seulement a été faite sur la porte du bastion sud qui a fonctionné avec évidemment la plus grande efficacité de par son couloir de la mort. En ville, des hoplites sont allés contenir la population pour éviter qu'elles fassent comme la fois précédente, soit un mouvement de panique en montant sur les bateaux. Le bateau qui doit les amener est prêt, mais il semble manquer d'esclaves rameurs ou de pilotes.

Tour fortin

Foxtraon est ravi, ses ennemis sont là, il va pouvoir enfin se venger. Il prend sa lance, son casque et bouclier et va se joindre au combat. Il ne rentre plus à la tour fortin ensuite, il reste sur les murailles ou au bastion sud pour se battre. Il y a eu, en parallèle, une autre attaque, des petites embarcations romaines toujours, pour pouvoir passer sous la chaîne, ont débarqué sur la partie nord du port (7), puis ils ont longé la zone de rangement des galères (20) pour rejoindre le dédale (10) dans lequel ils ont évidemment péri. Ils n'ont pas eu le temps de saboter les galères, car ils n'étaient pas équipés pour.

Vu le lendemain pour vérification

Le débarquement a eu lieu à l'ancien port du site du Mouret. Les Grecs ne l'avaient pas détruit, mais ils avaient détruit la rampe qui permettait facilement l'accès à la côte au-dessus. Les Romains ont dû

créer un autre passage pour le débarquement des troupes, chevaux et autres. L'ancien site du Mouret était devenu un village d'esclaves pour les plantations environnantes. À l'arrivée de Romains, ils ont fui vers la muraille pour prévenir les Grecs et se protéger.
Au bastion nord on amène les premiers blessés.

Dimanche 14 juillet

Le bassin du Roumanian (retenue saisonnière de l'aqueduc) n'a pas encore été pris, mais les Romains l'ont repéré avec des éclaireurs. Les soldats qui le gardent sont juste fictifs, ils sont là pour montrer que le bassin est gardé et donner l'illusion de vouloir le défendre. À la moindre attaque, ils ont ordre de fuir et de se cacher dans la forêt.
<u>Antipolis</u> est toujours ligure ainsi que Nikaïa, la chaleur change les comportements, détente toujours.
<u>Olbia</u> reste toujours abandonnée, idem Athénopolis
<u>Port de Massalia</u>
Les bateaux sont repartis chercher d'autres populations peut-être, seuls trois, quatre navires restent sur le quai est.
<u>Hérakleia</u>
Des galères romaines sont passées sans accoster, ils ont vu à temps que la ville était aux mains des Ligures.

Bandol

Il ne reste que des hommes à la garde aux frontières du camp, César attend les nouvelles des combats.

Massilia

Ils construisent des fortifications en bois autour de Massilia pour l'élevage des bêtes, parc. En même temps ils s'en servent de première enceinte. Les nouvelles populations, esclaves, dont j'ignore l'origine, font une fête traditionnelle entre eux.

Cytharista

Les Romains ont repris la ville, ils n'ont eu qu'à pousser les Ligures qui sont partis à la vue des galères pour être pris à revers et tués par ceux qui venait de reprendre Carcisis. Tous les prêtres et autres ligures ont été tués et brûlés. À Cytharista, les Romains font une enceinte en bois.

La Cadière

L'Acropole a été reprise par les Romains, une petite garnison avec une population. La Cadière est remplie à nouveau pour travailler dans les exploitations. Les Romains considèrent avoir réglé le problème ligure dans les environs. Il y a un nouveau chef romain, pas guerrier du tout, plutôt tendance décadence romaine. Il doit veiller à la production, sous l'ordre de César sinon il perdra sa place.

Le Castellet

On a dit au tendeur de pièges de Ligures de partir, que la place allait être reprise pour la production. Ils doivent faire leur piège plus loin dans les terres, sur un point culminant.

Bandol

César va mieux, il est content des nouvelles, il a retrouvé le sourire. La ville est redevenue citadine. Évidemment il y a des troupes stationnées pour la garde. César a reçu le nouveau chef de La Cadière pour lui donner ses indications, prérogatives. C'est un gros qui ne pense qu'à manger et qu'au plaisir gustatif. Avec lui César pense que la production sera bonne. Il envoie des ordres, toujours, des cachets, des messages. La communication terrestre avec Massilia est rétablie. Il mange dans son QG maintenant, la salle à côté doit lui rappeler de mauvais souvenirs. Il mange toujours en lisant avant de se coucher maintenant, peut être un traitement.

CHAPITRE 11

<u>Embiez</u>

Le bastion nord sert d'hôpital, c'est un peu la panique. Le petit Rouveau a été attaqué, bombardé avec des boules de feu incendiaire, certainement enduites de poix (matière liquide extrêmement inflammable produite à base de distillation de résine d'arbre). Ils doivent également, comme pour l'incendie du port de Massalia en juin, catapulter des amphores pleines d'un liquide inflammable, mélange d'huile, etc. La chaîne a été cassée. Des galères ont accosté au port. Plusieurs attaques ont eu lieu aujourd'hui, plus sur la porte nord. Il n'y a eu qu'une seule attaque sur la porte sud. Les Romains tentent également des percées entre le troisième et le quatrième ceinturon, certainement par cohorte. La grande muraille défensive "est", est une machine de mort, elle marche à plein régime. À la porte nord, les Romains sont écrabouillés une première fois (8 sur le plan de la porte nord p297) puis ils laissent entrer les autres jusqu'aux chaudrons (pour l'attaque côté terre, 3 sur le plan de la porte nord). Le navire qui devait emmener les habitants de la ville a été incendié, et deux autres galères qui étaient au port. En ville ils sont résignés, ils pensent qu'ils sont foutus. Ils ont une peur noire, la peur de la mort. À la tour fortin, Foxtraon pleure, certainement quelques amis guerriers sont morts au combat. Le front s'est concentré au port nord et sur la partie nord de la muraille aujourd'hui vu qu'hier, l'attaque côté sud n'avait rien donné. Les Romains ont envoyé à la porte sud ceux dont ils voulaient se débarrasser, des faibles ? Juste pour que les hoplites restent en position à la porte sud afin qu'ils ne se concentrent pas tous au nord de la muraille. Pour la première fois, Foxtraon pense qu'il peut vraiment perdre la bataille. Il repart au combat quand même. Dans le port, se souvenant de la défaite du dédale d'hier, du moins de l'absence de retour des troupes ou de percée des défenses, les Romains n'ont fait qu'incendier les navires.

Lundi 15 juillet

Embiez
Les Romains détruisent le temple de Perséphone en pied de nez. Le mécanisme du petit Rouveau n'est toujours pas réparé, la chaîne est cassée, permettant l'accès à la baie aux navires romains qui ont attaqué également le système défensif des baux de Sanary, soit les rangées de catapultes. Ces dernières ont bien répondu, elles restent imprenables pour l'instant. Idem pour le bastion de Bonne Grâce.

Il y a encore eu une tentative de percée romaine par le dédale de la grande muraille, en vain puisqu'elle n'a pas d'issue, mais comme personne n'en revient, personne ne le sait.

<u>Antipolis</u> est toujours ligure ainsi que Nikaïa.

<u>Olbia et Athénopolis</u> sont toujours abandonnées.

Port de Massilia

Des bateaux reviennent pour être réparés sur le quai est.

<u>Bandol</u>

César est content de l'avancée des opérations, il y a un nombre conséquent de navires à quai. En ville, il y a beaucoup d'agitation, les galères rechargent le front en soldats, ils débarquent des blessés, etc.

<u>Massilia</u>

Des cultures sont faites dans les champs, tous les esclaves sont au travail, avec des gardes pour surveiller. Il y a des petites exactions dans les champs : Massilia la cité esclave. Ces derniers reçoivent beaucoup de pression pour assurer un bon rendement, malgré la chaleur. C'est est devenu une cité de souffrance et de labeur.

<u>La Cadière</u>

Le nouvel intendant est ivre, il demande le calme et la tranquillité dans la cité. La maison des chefs vers l'oratoire ne lui plaît pas, il fait venir des architectes pour qu'on lui en construise une autre. Une partie de l'ancienne maison des chefs sert de prison pour quelques personnes. On sent bien que leur sort ne va pas être à envier.

Cytharista
Ils construisent des bateaux, chantiers navals.
À Carcisis, des prêtresses sont venues purifier la cité comme à Massilia.

Le Castellet
Des petits travaux commencent à être réalisés, des édifices pour mettre des denrées dirait-on, soit un grenier.

Brusc
La ville est terrorisée. Les navires à quai dans la zone protégée (20) ont été brûlés. L'assaut dans le dédale finit toujours dans la zone de repli, cul de sac, ou les Grecs ont installé des chaudrons d'huile finalement pour achever les assaillants.
Le bastion sud a subi plusieurs attaques. Les Grecs font le tri sur les morts romains, en fin de couloir de la mort (qui est abordé dans le Tome1, p 43).
Il y a toujours des attaques entre le troisième et le quatrième ceinturon : c'est une boucherie.
La muraille qui prend le souffle (vol 1, p 193) commence à fonctionner à côté de la porte nord.

Tour fortin
Foxtraon est effondré par les pertes romaines, il ne voit pas de combat héroïque, il ne voit qu'une boucherie, une implacable machine à tuer, sa machine, soit ces engins par endroits. La muraille entière est une zone de mort. Les cadavres s'amoncellent. Il

commence à regretter son choix. Il écrit un pli à César pour lui communiquer le nombre de ces pertes pour être sûr qu'il ne soit pas minimisé par ses propres hommes. Lui-même ne se reconnaît plus dans l'âme de faucheur d'autant de vie : une boucherie. Il ne comprend plus ni sa raison, ni la raison des hommes, ni la raison de tout ça. Il commence à goûter à la folie et à la déraison au milieu de petites crises de pleurs. Il n'ose même plus penser à celui qui s'était suicidé pour qu'il n'y ait pas de combat. Puis la rage revient.

Port nord

Les Romains ont détruit le quai de réapprovisionnement (7 sur le plan) en bois, des galères du bastion nord, pour pouvoir rapprocher les navires le plus près des murailles pour les bombarder avec des boules de feu incendiaire. Ils ignorent qu'entre les murailles il n'y a rien ou seulement des pièges, c'est un échec du coup, les galères romaines repartent. Ils avaient au préalable bombardé et mis le feu au sol sur la structure massive du port (4 sur le plan).

<u>Bandol</u>

César n'a eu que de bonnes nouvelles, il rit de la lettre de Foxtreon. Il fait une demande pour avoir plus de troupes. Il rumine sa vengeance. Il a pris de haut avec orgueil la lettre de Foxtraon, il réagit en disant quelque chose comme "on va voir".

Il ne mange toujours pas dans la salle à manger. Il dicte une lettre de retour à un traducteur certainement. Il invite Foxtraon pour un pour parler(accord de trêve également), certainement un piège, puis il sort. Il a reçu un pli, il est appelé, il doit partir, c'est en fin de matinée à peu près.

Mardi 16 juillet

<u>Embiez</u>
Jour de relâche aujourd'hui, il n'y a pas de combat. Les Grecs sont fiers d'avoir repoussé l'assaut romain et d'avoir infligé autant de pertes à l'ennemi, ils exhument leurs morts. La ville prie ou fait une cérémonie.

César est à Rome, entrée triomphale sur un char. Arrivé à un promontoire face à une foule, il fait un discours devant 600 personnes minimum puis il se retire. Une fois son passage effectué on jette de la nourriture ou autre à la Plèbe présente. Il va voir quelqu'un de très important qui est malade, il a son visage semi-couvert, la lèpre. César expose la situation et demande des troupes supplémentaires.
Puis il retrouve sa villa à côté de Rome, au calme, loin de son combat avec les Massaliotes. Il va voir un arbre qu'il apprécie, grand, l'arbre de son enfance peut-être ou le symbole de sa famille. Retour bateau départ vers 8h au matin.

Alors on s'accroche, César a pris le Rome express… il a répondu à un ordre de rentrer à Rome, je lis avec la fonction d'avoir isolé la fréquence d'une personne, ce qui fait que je peux suivre César, mais à travers le temps, soit médiumnité spatio-temporelle rien que ça. Si je le fais c'est que c'est dans les capacités humaines et que je ne dois pas être le seul. Pour ce cas et bien d'autres il est préférable de dire médium, parce que lecteur de fréquence pour le coup cela n'a plus assez de consistance, et médium, de ce que j'ai pu constater, cela calme tout le monde, les entendements s'accordent. Donc pour ce genre d'information je suis obligé de m'autoqualifier de médium, terminologie que je n'apprécie pas, et mes livres sont en fait le résultat d'avoir demandé son avis à un médium, je ne sais pas s'il y en a qui recommenceront l'expérience…

Le navire qu'a pris César est un direct sans escale pour Rome, il navigue de nuit également, donc les Romains avaient acquis aussi cette compétence, peut-être avec des pilotes grecs prisonniers, ça je n'en sais rien. La force de ces navires c'est le moteur, soit les esclaves. Ceux qui sont dans la cale pour ramer sont des monstres de muscles. Ils ne font que ça, ils sont bien nourris, ce sont des bêtes humaines. Parfois pour le punir, on peut jeter un homme dans la soute qui se fait dévorer, un simple coup de main pour arracher un bras, etc. Pour le voyage retour, par contre, je pense que cela doit ve-

nir des courants, pour descendre à Rome le navire a dû se servir des courants, car pour le retour c'est du cabotage, les rameurs rament deux heures à font ou plus ensuite le navire s'arrête à un port et ils sont intervertis avec des rameurs neufs d'efforts. Donc César repart pour Bandol le lendemain matin et il mettra deux jours pour rentrer, certainement uniquement de navigation de jour pour naviguer à proximité des côtes avec escale de nuit logiquement. Et ici déjà on peut aborder un élément qui deviendra plus flagrant dans la suite des échos. À cette époque de son existence, César n'est pas un dictateur qui a pris Rome, mais bel et bien un subalterne de cette dernière. C'est un général, un stratège à qui on confie des conquêtes. Sa notoriété vient de ses victoires, son nom, sa lignée, et des richesses qu'il ramène à Rome dont la plèbe profite. Donc le Rubicon…passons. Je donnerai ma version définitive dans mon prochain volume récapitulatif "Tauroeïs" qui réunira les trois volumes ou je continuerai le récit des échos temporels jusqu'en novembre.
<u>Antipolis et Nikaïa</u> sont toujours ligures, Antipolis est assommée par la chaleur.
<u>Olbia et Athénopolis</u> sont toujours abandonnées.
Port de Massilia
Beaucoup de navires sont partis, il n'en reste qu'un peu quai est.

Bandol

César n'est pas encore rentré, la ville se relâche un peu, ils font du bruit. Il se passe des choses dans l'arène.

Massalia

La cité est devenue la cité de l'oppression, soit un immense camp d'esclaves, la ville en est pleine. Les Romains exécutent des punitions exemplaires sur certains pour augmenter la cadence, etc. Quelques esclaves se sont enfuis dans les calanques, pour eux ,c'est un paradis.

Cytharista est réinvestie, des constructions romaines sont faites en dehors de l'ancienne citée grecque, cherchant des points de vue avantageux etc. La priorité n'est plus la protection. Il y a un certain standing donné par la proximité des calanques du Mugel.

Carcisis est en attente de nouveaux occupants.

La Cadière

Le chef (le gros) est également un cannibale. L'un des prisonniers de l'ancienne maison des chefs grecs plus haut est cuit et préparé. Il est servi à table au chef et à ses invités. Deux trois personnes le mangent en le gaspillant et en se moquant de lui. Ce sont les rares fois où j'ai vu des Romains rire. C'est plus de l'amusement et de la mutilation gratuite que du cannibalisme brut pour cette fois, mais quand même. Les cuisines ne sont pas loin de la prison, soit la cage qui a été nouvellement aménagée, du coup les prisonniers sont maintenant terrorisés, car ils ont compris qu'ils sont un garde-manger. Dans la cité, tout le monde travaille, personne ne réfléchit.

<u>Le Castellet</u>
Les plantations reprennent doucement.

CHAPITRE 12

<u>Embiez</u>

Il n'y a pas de combat aujourd'hui, le bastion est en réorganisation. À la porte nord, les hoplites s'affairent au nettoyage et à la récupération. Au Bastion et à la porte sud, idem, nettoyage, récupération et incinérations des corps. La ville a retrouvé le calme. Ils ont fêté et remercié je ne sais quelle divinité pour la victoire, Niké peut-être. Sur l'ensemble de la grande muraille, les hoplites s'adonnent également au nettoyage, à la réparation et à la récupération.

Le camp romain a dû perdre entre 30% et 50% d'effectifs. Ils attendent des renforts, ils espèrent que les Grecs feront une contre-attaque au sol, sortant de leur muraille infernale. Les Romains ne montrent qu'une petite partie de leur camp qui est volontairement laissée désordonnée et le gros du camp reste caché. Les Grecs ne quittent pas leur position évidemment.

À la tour fortin, Foxtraon pleure. Il devient à moitié fou, il a du mal à revenir à un état de tranquilité. Il est prêt à repartir au combat pour ne pas y penser et espère mourir pour ne plus souffrir. Des aspects de sa personnalité ne lui sont plus accessibles, son calme, etc. Il n'en a plus rien à faire des constellations dans les étoiles. Il trouve ça dérisoire, il se sent trahi par les dieux, jamais il n'aurait imaginé une telle expérience. Pour lui ce n'est pas une victoire, c'est une victoire de l'absurde. Épuisé nerveusement, il arrive quand même à trouver le sommeil, il tombe d'un coup, à bout. Il se réveille parfois en sursaut. Il cherche son reflet dans ce qu'il peut, se fuyant du regard quand il le trouve. La boucherie générale et le nombre de morts en sont la cause.

Mercredi 17 juillet

<u>Embiez</u>
C'est une journée de trêve encore, les Grecs ont péniblement réparé la chaîne en apnée et le mécanisme du petit Rouveau.
<u>Antipolis,</u> toujours ligure (?), la chaleur s'abat sur la cité idem à Nikaïa.
<u>Olbia</u> est toujours abandonnée.
<u>Embiez,</u> une cérémonie d'honneur est donnée, la ville est positive.
port de Massilia
La flotte est revenue, les navires déposent des esclaves sur le quai est et embarquent des denrées sur le quai ouest.
<u>Hérakleia</u> est toujours ligure (?), Athénopolis est toujours abandonnée.

Bandol
César n'est toujours pas là, mais il y a quelqu'un qui profite de son appartement.

Massilia
De plus en plus d'esclaves sont sous-alimentés, ils ont du mal à tous les nourrir. Les Romains jettent de la nourriture à une petite foule d'esclaves qui réclament. Peut-être ceux arrivés en bateau qui n'avaient pas été nourris pendant le voyage. Les esclaves se mélangent dans la ville, parfois les mélanges d'ethnies avec des cultures différentes créent des tensions ou des altercations qui sont punies par la mort. Cela commence de plus en plus à ressembler à un camp. Il y a une esclave qui est jolie, un teneur la fait sortir du rang pour en faire son esclave personnelle. Une fois chez lui, il lui demande de s'occuper de lui, elle le repousse, il la sort de son logement, elle pleure puis il la couvre, il la fait rentrer. Il va tenter la manière douce sur trois jours. Sur le port, il y a tellement d'esclaves que certains en revendent aux marins, soit un petit trafic.

Cytharista
La nouvelle cité se construit doucement, ce sont des villas de maître avec de grands jardins.

Carcisis n'est toujours pas entreprise.

La Cadière
À la prison garde-manger, personne n'est parti aujourd'hui du coup ils sont rassurés. Ils ont été bien

nourris. Le chef a encore fait un festin, mais avec de la viande issue de la chasse cette fois-ci.

<u>Au Castellet</u>, les cultures reprennent et s'étendent. Ils cultivent quelque chose de particulier dans l'enceinte, mais je ne sais pas ce que c'est.

<u>Brusc</u>

Au Bastion nord, c'est la revue, les hoplites reçoivent les honneurs de Foxtraon. Au port, ils réparent tous les bateaux endommagés par l'attaque quand ils étaient à quai, même ceux partiellement brûlés.

En ville, les gens ont rendu hommage au chef. Ils croient vraiment qu'ils ont vaincu les légions de César, que ces derniers ne vont pas ré attaquer. C'est une femme qui fait les louanges, le discours. Foxtraon est fier. La ville est remplie de bonheur. Ils nagent sur un nuage, ils croient tous qu'ils ont gagné.

Le bastion sud est nettoyé, ils finissent également le nettoyage du dédale. Foxtraon fait encore les honneurs à tous ses soldats, ayant combattu lui-même, il connaît la valeur de leurs efforts. Il fait ainsi toute la muraille.

Au camp romain les légionnaires se sentent abandonnés, ils sont malades, avant de quitter le bassin de retenue de l'aqueduc, les Grecs l'avaient empoisonné.

À la tour fortin, le soir, la journée de félicitations de Foxtraon l'a exténué, il s'effondre directement dans son lit, oubliant tout. Plus tard, il prend juste les nouvelles pour savoir s'ils ont réparé la chaîne, puis donne quelques ordres. Il regarde à nouveau les étoiles et refait ses calculs.

Jeudi 18 juillet

<u>Embiez</u>
La ville s'est vidée, ils sont tous partis (le discours de la femme d'hier devait être aussi pour remercier Foxtraon et ses hoplites avant le départ).Une partie des soldats est partie avec eux.
<u>Antipolis</u> est toujours ligure ainsi que Nikaïa, avec la chaleur, ils font des espèces de transes.
<u>Athénopolis</u> est toujours abandonnée.
<u>port de Massilia</u>
Il règne une grosse activité, ils déposent des esclaves, ils prennent des marchandises, toujours.
<u>Olbia</u> est toujours abandonnée.
<u>Hérakleia</u> est toujours ligure.
<u>Massilia</u>
Les esclaves ont faim, ils ne sont pas assez nourris, ils mangent des herbes et des racines dans les champs au travail et ensuite ils sont malades, ils se tordent le ventre. Le mélange des peuplades est une pagaille monstre, certains parlent à peine. Plusieurs niveaux d'évolution se mélangent, cela devient une masse humaine sans nom. Pas tous n'ont accès aux habitations vides de Massilia, certains sont parqués

dans des champs parce qu'ils puent. Beaucoup ne vont pas rester à Massilia même et sont prévus pour d'autres exploitations. Massilia est pratiquement devenue qu'un comptoir d'esclaves. Les gardes font toujours de nombreuses exactions. Celui qui avait pris la femme, la présente à un ami puis se moque d'elle. Il la fait tomber au sol, demande à son ami de la tenir puis la viole, apparemment il ne pouvait pas faire les deux tout seul. Une fois fait, il lui donne je ne sais pas quoi, de la nourriture en compensation estime-t-il. Elle est contente d'être toujours en vie. Elle pense à s'enfuir.

Des constructeurs ou architectes font une visite de la ville pour évaluer les endroits propices à de futures constructions, villas romaines, etc. Sur le port une femme mord un garde qui voulait peut-être abuser d'elle, elle est fouettée, etc. Dans les calanques les évadés ont faim, ils manquent de tout, ils pensent à revenir à Massilia pour y voler de la nourriture.

Cytharista

Les constructions des villas romaines continuent et avancent rapidement (de nombreux esclaves sont à l'oeuvre)

À Carcisis, une garnison a investi la ville, il a été décidé d'en faire une base arrière militaire.

Il n'y a plus de présence ligure, quelle qu'elle soit dans les environs pour l'instant.

La Cadière

La chaleur écrase tout, même les fréquences résiduelles. Le chef est parti au bord de mer pour se rafraîchir.

Le castellet

Il y a des femmes qui célèbrent quelque chose, cérémonie pour les cultures, le rendement. Elles demandent à la nature qu'elle soit fructueuse, ce sont des prêtresses.

Bandol

César est rentré, il est très noir, très en colère, il n'est pas du tout content de retrouver ce lieu, d'autant plus que les nouvelles ne sont pas bonnes. Quelqu'un l'a piégé je ne sais quoi. Il est épuisé par le voyage. Il va dans sa chambre, couché, il regarde des cartes, il lit également et prend des décisions.

Embiez

La ville s'est vidée, ils sont partis, dès que le bateau a été réparé, profitant de la trêve. Dans le camp romain, seulement quelques hommes sont morts d'empoisonnement, mais la situation n'est pas au beau fixe.

À la tour fortin

Foxtraon est serein, content que la ville se soit vidée. Il en veut toujours aux Romains et à César et considère son but non atteint.

CHAPITRE 13

Vendredi 19 juillet

Antipolis est toujours ligure, il y a une grosse chaleur qui plaque les hommes ainsi qu'à Nikaia.
Port de Massilia,
Ils déposent les esclaves au quai est, ils prennent des denrées au quai ouest, pour éviter les vols, émeute avec la promuscuité.
Athénopolis est toujours abandonnée ainsi qu'Olbia.
Hérakleia est toujours ligure.
Bandol
César s'énerve dans son quartier général, Tauroeïs imprenable ?
Massilia
Il y a de plus en plus d'esclaves, certains partent directement pour d'autres exploitations. Ils les disséminent sur la Narbonnaise. Tout doucement des architectes ou constructeurs commencent à entreprendre les collines de Massilia. Des tracés sont effectués pour délimiter des parcelles pour de futures constructions, j'imagine des villas romaines, Massilia va devenir une banlieue chic éloignée de Rome. Des démolitions sont prévues. Je passe sur la vie et les

malheurs des esclaves, je vous laisse imaginer, finalement le garde a vendu la femme qui part sur une charrette attachée et en pleurs.

Cytharista, construction de bateaux et de villas toujours

Carcisis

Il est arrivé quelqu'un d'important, qui va prendre possession des lieux, un chef de guerre.

La Cadière

Un homme a été sorti de la prison garde manger pour être préparé. Dans la cage, ils sont drogués maintenant, semi-conscient. Donc cela fait un homme tous les deux jours. Toujours pareil il le mange avec ses amis, pas de débordement cette fois-ci, ils mangent c'est tout, ils avaient dû se défouler la dernière fois.

Le castellet

C'est la communauté féminine qui s'est installée, pour la production, récolte d' une denrée particulière, j'ignore laquelle, plante? Fleurs?

Embiez

il y a encore eu une attaque, un bombardement incendiaire, du petit Rouveau pour entrer dans la baie, la chaîne est encore cassée. Puis l'attaque s'est concentrée à la porte nord côté mer puis à la porte du bastion nord. Peut-être les Romains ont-ils eu des informations sur d'éventuels points faibles de la forteresse ou alors ils ont fait des repérages plus précis lors de la dernière attaque. Le bastion nord donne l'accès à la partie supérieure de la muraille, soit la victoire assurée, peut être s'en sont-ils rendu compte lors d'une observation.

Tour fortin

Foxtraon est blessé, il a respiré de mauvaises vapeurs. J'ignore de quoi, il est à moitié malade, couché, il délire à moitié en regardant les étoiles. Aucun soin ne lui est apporté.

Partout les fréquences résiduelles sont amoindries car les hommes sont accablés par la chaleur.

Au camp romain du mont Salva, les hommes s'en vont, chaleur et manque d'eau, inutile de mourir pour rien.

Au premier sas de la porte du bastion nord, ce sont des vapeurs de produits chimiques mortelles que les hoplites ont jeté sur les Romains pour contenir leur attaque massive et concentrée, c'était leur ultime ressort, sans cela ils auraient été perdus. C'est ce que Foxtraon a dû respirer sur un retour de vent.

Comme je l'avais vu hier, la ville est complètement partie et avec elle beaucoup de soldats qui pensaient peut-être avoir gagné en considérant que les Romains ne reviendraient plus s'y frotter. Au bastion nord, l'action s'est déroulée ainsi. Les Romains ont d'abord bombardé, incendié les remparts avoisinant pour faire table rase comme d'habitude, rendant impossible aux hoplites de rester en haut des remparts et de les défendre à cause du feu. Ils comptaient ensuite forcer les portes et entrer dans le bastion nord.

Le gazage massif des Romains par jet d'amphore remplie de ce produit chimique, soit une arme chimique à l'époque antique, leur a fait fuir la position. Pris par la peur, les Grecs ont dû jeter trop de petites amphores, j'imagine, maniables, si bien qu'une partie leur est revenue dessus, ce qui explique l'intoxication de Foxtraon. Une ou deux galères romaines sont restées au port, celles qui étaient le plus proches des murailles et n'ont pas pu repartir. Sur leurs ponts, tous les hommes sont morts. C'est cela la mauvaise nouvelle qu'avait dû avoir César, soit un échec encore.

Samedi 20 juillet

Antipolis est toujours ligure, la chaleur est encore plus pesante, Nikaïa idem.
Olbia est toujours abandonnée ainsi qu'Athénopolis.
Au port de Massilia, les échanges ont baissé de moitié.
Hérakleia est toujours ligure.
Embiez
Le calme est revenu dans la cité et la muraille, le mécanisme de la chaîne du petit Rouveau n'a pas été réparé.
Massilia
Les esclaves vivent leur lot de souffrance au quotidien. Les Romains créent des repères d'angle de

quadrillage avec petit amas de pierres, puis ils référencent les parcelles ainsi créées par des chiffres, lettres. La chaleur assomme la cité également.

Cytharista

La construction des riches villas massives se poursuit.

Carcisis

Le nouveau chef est arrivé. Il tient à faire entendre sa loi.

La Cadière

À la prison garde-manger, une des détenues fait des cauchemars, elle pousse des cris, etc, alors qu'on joue de la musique au chef ce soir. Dans la cité tous les intervenants travaillent et se taisent.

Le castellet

Ce sont bien des femmes qui sont au castellet, j'ignore ce qu'elles produisent ou cultivent, mais cela doit être fin et délicat.

CHAPITRE 14

Bandol
César est enjoué, il reçoit un de ses lieutenants qui lui fait le compte rendu de la guerre faite aux Ligures. Il n'y a que des victoires évidemment, une fois que la forêt est brûlée, il ne reste aucune échappatoire aux Ligures. Le premier objectif est atteint, soit les terres jusqu'aux limites des montagnes ou moyennes montagnes. J'imagine que la 2e phase est le rabattement pour la reconquête totale de la Côte. La deuxième phase est lancée, il en donne l'ordre avec des recommandations, aucune pitié pour ceux qui résisteront etc. Décimation? ordre de faire des esclaves, etc.
Les légionnaires du camp de Tauroeïs au Mont Salva sont bien revenus, ils sont ravitaillés et soignés. Dans la nuit, César a des rapports avec une servante consentante, mais l'esclave grecque lui manque.
Embiez
Au Bastion nord, les hoplites effectuent des réparations, des remises en ordre. Au port toutes les galères sont rentrées, en fait ils avaient évacué toute la ville avec le nouveau navire-cargo et les autres ga-

lères servaient d'escorte. C'est la raison pour laquelle beaucoup d'hoplites étaient partis. Ils sont revenus maintenant. Le camp romain du Mont Salva est déserté, ils ont laissé deux, trois chevaux, et quelques espions cachés au cas où. La muraille et le bastion sud sont à nouveau pleins.

À la tour fortin, Foxtraon est absent, il a dû aller se faire soigner ailleurs.

Dimanche 21 juillet

<u>Antipolis</u> est toujours ligure, la chaleur y est accablante, idem à Nikaia.

<u>Olbia</u> est toujours abandonnée ainsi qu'Athénopolis.

Au port de Massilia il y a plus de dépôt d'esclaves que de départ de navires de denrées.

<u>Hérakleia</u> est toujours ligure.

<u>Embiez</u>

Le petit Rouveau est encore attaqué. Les Romains essayent de laisser des troupes en permanence sur l'ouest du bras de terre. Ils s'installent là où il y avait le début du sanctuaire de temples.

Il n'y a pas d'attaque de la grande muraille défensive "est" et de la ville. Les Romains investissent le temple détruit de Perséphone sur la pointe du Cougoussa et mettent un brasier et des drapeaux en pied de nez.

CHAPITRE 15

<u>Bandol</u>
César est inquiet, la ville est en branle-bas de combat. Les Grecs ont fait une attaque éclair du camp romain. Deux, trois galères ont accosté, les hoplites en sont descendu, décidé à en découdre, puis ils ont attaqué le camp par son entrée, soit le Casino actuel. Une centaine d'hommes ou plus, Foxtraon en faisait partie et il en était le meneur. Ils ont fait une progression de 100 mètres dans le camp puis ils ont crié le repli après que l'alarme du camp est retentie et sont repartis aussi vite qu'ils étaient venus. Il y a un tiers de perte dans le camp romain. Pendant l'attaque, César a eu une peur panique, il s'est fait entourer de beaucoup de ces gardes dans son quartier général. Ils ont relâché le ceinturage seulement quand ils ont vu les navires repartir. En même temps, les hoplites ont fait un repérage des troupes, mais ce sont les soldats d'élite de César qui sont là évidemment. Une fois la situation revenue au calme, César donne des ordres, un messager part. Il se couche tout en n'étant pas rassuré, la vue panoramique ne lui paraît plus aussi belle.

Embiez

En fait, les Hoplites ont pris les bateaux des Romains pour faire l'attaque. Les Romains avaient débarqué trop de troupes sur l'île pour qu'ils les laissent faire sans réagir. Ils ont vu les mouvements de l'ennemi de leurs remparts et on saisit l'opportunité. Lors de l'assaut sur Bandol, ce n'est que sur les derniers 200 mètres avant l'accostage des galères que les Romains se sont rendu compte que quelque chose n'allait pas vu que les navires n'allaient pas au port, mais qu'elles fonçaient vers la plage pour débarquer leurs troupes.

Tour fortin

Foxtraon est rentré, il est content de sa bataille, il revoit dans sa tête tous ses gestes, tous ceux qu'il a tués, il aimerait y être encore, mais ils ont dû battre en retraite. Il n'a même pas été blessé, rien, aucune égratignure. Ils n'étaient pas assez nombreux et l'alarme du camp a ramené toutes les troupes vers leur tentative de percée. Ils ont été tellement fougueux, tellement dangereux qu'aucun Romain pratiquement n'a essayé de les suivre pour les combattre dans leur repli. Les centurions appelaient à les poursuivre, mais les hommes n'en ont rien fait, des fous de guerre.

Foxtraon ne rêve que de " que ça recommence". Il prévoit à l'avenir d'essayer de faire mieux. Je pense qu'il ne sait pas que César est à Bandol, son ennemi. Ils ont fait un combat parfait.

Auparavant il y avait eu un Branle-bas de combat au bastion nord, c'était la préparation express de l'attaque éclair. Dans la première phase, les hoplites étaient sortis des murailles, avaient attaqué et rasé le camp romain au début du sanctuaire, puis ils s'étaient emparé des galères romaines pour l'attaque éclair. À la pointe du Cougoussa, les derniers Romains retranchés sont écoeurés, ils sont coincés, et se sont fait voler leurs galères.

À partir d'aujourd'hui je ne ferai plus journalièrement ni Massalia, ni Cytharista, ni Carcisis, ni la Cadière, ni le Castellet. Massalia c'est une série hollywoodienne mélodramatique journalière avec les oppressions sur les esclaves et la construction des beaux quartiers. Il n'y a plus de présence Ligures. Je ferai une lecture une fois par semaine de tous ces lieux et un contrôle journalier sur la webcam du port. À la Cadière, le chef mange un être humain tous les deux jours, je n'ai pas vraiment envie d'en savoir plus.

Lundi 22 juillet

Antipolis est toujours aux mains des Ligures, idem Nikaïa, les deux subissent une intense chaleur qui s'abat comme une chape de plomb.

<u>Olbia</u> est toujours abandonnée, chaleur également, idem Athénopolis.

Port de Massalia il y a une baisse d'activité, 30% côté ouest, 10 % côté est.

<u>Embiez</u>

À la pointe du Cougoussa, les hoplites ont attaqué et ont jeté les derniers Romains par la falaise. Au petit Rouveau ils n'ont pas encore réparé la chaîne, les Romains en ont emporté une bonne partie avec eux. À la grande Muraille défensive il n'y a aucune attaque, ils se relatent l'exploit d'hier et disent évidemment qu'ils veulent recommencer.

<u>Bandol</u>

César est là, il a fait doubler sa garde et renforcer les fortifications. La fin de la baie de Bandol, soit la plage où les Grecs avaient accosté, est bloquée avec une partie de la chaîne flottante prise au petit Rouveau. Les Romains qui n'avaient pas voulu poursuivre les Grecs sont exécutés, ils sont trois ou quatre seulement. César n'est pas rassuré. Il a fait partir des messagers pour faire part de l'attaque et de l'urgence d'envoyer des renforts. Il souhaite aller ailleurs, et demande à changer de position, de camp. Il lit avant de dormir dans le repos de sa chambre panoramique, comme une baie vitrée certainement, en verre, prouesse technique de l'époque pour l'usage des chefs.

<u>Embiez</u>
Les hoplites inspectent tout, ils vérifient tous les pièges, etc, ils réarment tout, munitions etc, ils se préparent à une riposte. Sur les îles, les Grecs détruisent ce que les Romains avaient commencé à construire en fortifications à la pointe du Cougoussa où ils s'étaient finalement réfugiés. Ils ont également récupéré tout ce qui pouvait l'être pour le ramener à la forteresse. Ils récupèrent tout ce qui est en fer dans les maisons de la ville pour le fondre, ils doivent refaire la partie manquante de la chaîne, les Romains l'ayant emportée pour qu'ils ne puissent pas la réparer et s'en servir pour eux mème.
À la tour Fortin Foxtraon est absent.

Mardi 23 juillet

<u>Embiez</u>
La chaîne n'a toujours pas été réparée.
Il y a encore eu une attaque par la mer qui a fini dans le dédale de la grande muraille défensive "est".
<u>Antipolis</u> est toujours aux Ligures et la chaleur y est accablante, idem à Nikaia.
<u>Olbia</u> est abandonnée, idem Athénopolis.
Port Massalia
il n'y a aucune activité, seulement quatre navires en entrée de port.
<u>Hérakleia</u> est toujours ligure.

Bandol

César est parti. Il y a un mouvement de troupes, les autres troupes sur place sont prêtes à partir massivement en navire.

CHAPITRE 16

<u>Embiez</u>

Les troupes romaines ont encore débarqué par l'ancien port du Mouret, massivement. Cette fois-ci le camp s'étend jusqu'au parking du Cros et peut être plus. Il y a eu une attaque sur la porte sud seulement, sans résultat ni percée, évidemment. Il y a eu une attaque également sur les ceinturons 1,2 et 3, une boucherie encore. Le camp encercle complètement la cité vue comme l'année dernière (voir Tauroeïs et non Tauroentum). Une légion entière dirait on. Cette fois-ci on y est. Le bastion nord tient la position. Une petite attaque navale est menée pour récupérer les navires pris aux Romains précédemment. Ils s'engouffrent ensuite dans le dédale, mais n'arrivent même pas au couloir de rabattement vers le cul-de-sac car ils sont tués avant. La porte nord fonctionne également jusqu'au chaudron d'huile bouillante.

Tour fortin

Foxtraon est là, il est fou de rage, l'encerclement des troupes romaines le rend fou au lieu de lui faire peur. À la nuit tombée, il prend du repos et demande qu'on le réveille à la moindre attaque.

Au niveau de la 80m, au nord, les Romains sont entrés dans la muraille et ses pièges. Ils sont tous morts. Ils ne ré essayeront plus par ce côté, peut être marécageux.

Mercredi 24 juillet

<u>Antipolis</u> est toujours ligure, la chaleur y est encore plus accablante, Nikaïa idem.
<u>Athénopolis</u> est toujours abandonnée ainsi qu'Olbia. Port de Massilia, il y a une toute petite activité voir aucune, quatre bateaux toujours en entrée du port.
<u>Hérakleia</u> reste ligure.
<u>Bandol</u>
Il y a un nouveau chef dans les appartements de César, il rit. En ville des troupes arrivent encore par la côte terrestre et embarquent pour Tauroeïs.
Il s'agit du chef cannibale qui était à La Cadière, ils ont dû intervertir leur place avec César. Il joue comme un abruti, court après quelqu'un, un serviteur certainement et lui dit qu'il va le manger. Il le fait finalement tuer et cuisiner.
<u>La Cadière</u>
César est bien là. Ils ont bien interverti pour plus de sécurité, vu la possibilité d'attaque récemment vécue, venant des Grecs. En arrivant à la bâtisse des chefs, il a été horrifié de découvrir la cage garde-manger à côté des cuisines. Il pousse un énorme cri

de colère et de dégoût. Apparemment ce chef n'est pas puni, car il est intouchable. La cage a été vidée sous ses ordres, les prisonniers sont libérés, mais ils sont tués pour qu'ils ne puissent pas témoigner de ce qu'ils ont vu et vécu. La Cadière est surarmée à nouveau pour la protection de César.

<u>Au Castellet,</u> il y a toujours une production de je ne sais quoi par des femmes et on les laisse tranquilles.

<u>Brusc</u>

Au Bastion nord, il y a un Mouvement d'hoplites pour renforcer la grande muraille et la tour fortin. En fait, ils se positionnent au-dessus du rempart de la porte-nord. L'écraseur est en position basse, soit il ferme la porte Nord (8 sur le plan de la porte nord).

Au port, au niveau du quai de remplissage des amphores en bout d'aqueduc, les troupes romaines débarquent massivement pour attaquer la muraille.

Sur le front des Embiez, les Romains tombent dans les pièges qui se situent entre les murailles et les Grecs les brûlent , soit des zones inflammables.

Après la grande muraille "est", le grand camp romain est toujours là. Il commence déjà à se vider à cause des pertes. Sur la grande muraille, c'est la victoire, des clameurs s'élèvent, car l'attaque a encore été repoussée. Le couloir sud a encore fonctionné parfaitement. Les Romains essaient d'attaquer de toutes parts en même temps et se font anéantir par la muraille. Dans le couloir de descente qui mène entre le troisième et le quatrième ceinturon

(rue Marius Bondil), les hoplites sont même sortis de la muraille au sol pour en découdre et ont anéanti leurs ennemis avec la même rage que l'attaque de Bandol. La lance permettant d'atteindre l'ennemi tout en restant à bonne distance de ses coups de glaive et la volonté de faire des coups fatals à chaque fois, fait mouche. Les Romains tombent devant l'attaque.

À la Tour fortin

Foxtraon est légèrement blessé à la jambe. Il ne peut plus combattre actuellement. C'est une pause qu'il prend sans regret, overdosé de tuer et de voir la mort en si grand nombre. Il aspire à autre chose de son existence, mais c'est trop tard, la machine est lancée. Ils sont encerclés et il ne peut sortir du propre piège qu'il s'est bâti, pour faire le plus de pertes à César et entrer dans l'histoire comme les Thermopyles certainement ou d'autres héros grecs. Il se réfugie encore dans les étoiles et regarde si les dieux lui seront favorables. Il est quand même fier de ce qu'ils ont déjà accompli. Puis il retourne dans ses calculs pour faire de nouveaux pièges et ainsi pallier leur infériorité numérique. Il se couche en étant finalement prêt à revivre une journée comme celle qu'il vient de vivre.

Jeudi 25 juillet

<ins>Embiez</ins>
Les Romains ont à nouveau mis des drapeaux, porte-étendards, brasiers, etc, en pied de nez à la pointe du Cougoussa. Apparemment les Romains ont bombardé le port côté entrepôt avec des projectiles incendiaires, boules de feu. Les Grecs n'ont pu qu'assister au spectacle, impuissants. Ils ont vu brûler quelques-unes de leurs galères. En haut de la pointe du Cougoussa se trouvent des tentes, des chefs romains et de riches Romains, accompagnés de leurs femmes. Ils sont venus voir la bataille comme un spectacle.

<ins>Bandol</ins>
Le chef cannibale a été assassiné par un serviteur, la ville en rit. C'est César qui est derrière cet assassinat. Il a engagé une femme mercenaire qui s'enfuit ensuite discrètement à cheval. Pour couvrir le meurtre, ce sera un serviteur qui sera accusé. La mercenaire l'a tué au couteau. Un coup dans le ventre puis elle l'a laissé crier et faire quelques pas pour qu'il voie sa mort, et finalement elle a atteint le cou et la gorge. La ville était au courant. Les gens riaient d'entendre ses cris, sachant aussi qu'il serait tué par une femme.

CHAPITRE 17

Embiez
Les navires romains font également des tirs de bombes incendiaires sur le bastion nord.
C'est une Journée cinéma de guerre réelle pour les riches Romains, hommes et femmes, postés en haut du Cougoussa, soit le Spectacle. Le grand navire pour transporter les troupes est touché ainsi que le port de commerce.
Au camp romain les hommes ne croient plus en la victoire, ils ont peur d'aller au combat maintenant. Ils savent que s'ils y retournent, ils mourront. Au bastion sud, des pièges supplémentaires ont été ajoutés au couloir de la mort, après le sas.
Sur les murailles, les hommes ont été écœurés de voir leurs navires et leur port de commerce brûler complètement cette fois-ci, ainsi que le gros navire de transport, impuissants face au brasier. Il reste des navires dans la cale sécurisée (20) prévue à cet effet.
Tour fortin
Foxtraon est terriblement déçu que ses ennemis soient d'un niveau aussi bas, conscient que l'incendie spectaculaire de cet après-midi provoqué par les

boules de feu catapultées des navires était juste un effet de spectacle et non stratégique pour l'amusement d'une certaine élite romaine. Ces derniers avaient dû entendre parler de la bataille et voulaient la voir de leurs propres yeux. Le soir, Foxtraon regarde encore les étoiles et pour lui, tout son monde s'effondre, ce monde n'a plus de sens. Il plonge alors dans une nostalgie du passé ou il retrouve ses repères et peut compter sur des valeurs qu'il comprend et respecte, mais il n'en reste pas moins dépité. La nuit s'annonce blanche pour lui, il a besoin de se recueillir dans les étoiles, en attente de signes des dieux ou de compréhension. Il s'évade dans la Méditation. Cette journée "cinéma" l'a plus blessé dans son cœur que tout le reste. C'est comme si on lui signifiait que sa vie et celle de ses hommes ne valaient finalement rien, bien loin de la volonté de rester dans l'histoire en ayant accompli une prouesse héroïque. C'est une leçon de guerre psychologique.

Vendredi 26 juillet

<u>Embiez</u>
Foxtraon a ordonné de bombarder les tentes en haut de la pointe Cougoussa en déplaçant des catapultes puissantes sur la muraille ouest. Les riches Romains, hommes et femmes, ont fui devant la pluie de

projectiles. Une riche romaine est tombée dans la falaise, fuyant tout droit dans une peur panique sans contrôle, elle c'est brisé le cou dans sa chute. C'est une mission réussie pour César, car son mari donnera des fonds pour la venger. Après la fuite des Romains, la deuxième étape des hoplites a été de reprendre la position. Les navires romains sont repartis du port du dédale.

Bandol

César est revenu pour l'inhumation du chef romain cannibale, en grande pompe, cérémonial et tous les honneurs dûs à son rang, garde à vous, etc, un léger pli dans le sourire de César, puis il est remonté à La Cadière. Il est acclamé quand il repart. Les riches romains quant à eux sont repartis vers Cytharista ou Massilia.

Brusc

À la grande muraille, il y a une nouvelle attaque romaine.

Tour fortin

Foxtraon est apaisé et a récupéré tout son aplomb et stabilité psychologique. Par contre sa jambe est toujours blessée et il ne peut toujours pas combattre, cela s'infecte on dirait. En conséquence, il dirige la bataille et les combats du haut de la tour fortin avec un code de signaux.

Au bastion nord, les hoplites sont encore allés sur les remparts de la porte nord, l'assaut venant de la mer. Au Bastion sud, la porte sud a fonctionné, mais seulement jusqu'au sas. C'est une victoire évidemment. Dans le camp romain, les hommes ont toujours peur d'aller combattre. Les Romains ont tenté d'incendier des galères encore présentes dans la cale de retrait (20) avec des tirs de catapulte. La muraille a encore résisté, mais elle a perdu de son efficacité et de sa spontanéité dans son fonctionnement à cause de l'attente des codes signes de Foxtraon, lancés du haut de la tour fortin. Néanmoins c'est toujours la victoire. Il est finalement ravi de sa position de décideur en arrière, à la tête de la muraille. Il est confiant. Il espère ou attend des renforts, Nasidius ? (se rapprochant du 31 juillet, date de la bataille navale de Tauroentum citée dans la guerre civile). Il continue ses calculs pour de nouveaux pièges.

CHAPITRE 18

Samedi 27 juillet

Brusc
Foxtraon est mort, la flèche ou autre, cause de sa blessure, devait être empoisonnée.
Antipolis est toujours Ligure, la chaleur est encore plus écrasante, idem à Nikaïa.
Olbia et Athénopolis sont toujours abandonnées.
Le port de Massilia n'a pas d'activité, quatre navires sont à l'entrée.
Hérakleia est toujours ligure.
Embiez
L'attaque a cessé à l'annonce de la mort de Foxtraon.
Bandol
César est revenu à Bandol pour les négociations, du fait de la mort de Foxtraon. La ville attend la réponse sur le fil.
Cytharista
Les vastes maisons romaines ne sont pas complètement terminées, mais elles peuvent déjà commencer à recevoir leurs propriétaires et leurs invités.

Carcisis

Le chef de la cité s'enferme dans une rigueur militaire et semble tourné vers la formation de soldats et de soldats d'élite. C'est un centre de formation de légionnaires.

Massilia

Certains esclaves sont placés autour de la ville avec des champs sous leur responsabilité, doté d'une petite maisonnette pour y vivre. Dans Massilia, la famine touche beaucoup d'esclaves. Ils n'avaient pas prévu d'avoir à en nourrir autant et pratiquement toute la production repart en bateau. Les ventres sont vides, mais le travail doit continuer. Certains esclaves s'effondrent sous la chaleur, ils sont jetés dans une espèce de fosse commune qui commence à prendre une proportion gigantesque. Des fois, ils se réveillent au milieu des corps, car il s'agissait juste d'un malaise, mais les efforts doivent continuer, la production doit être assurée coûte que coûte, la vie des responsables en dépend. Dans les monticules de corps, ces derniers sont tellement maigres qu'il n'y a plus besoin de les brûler tout de suite. Les esclaves commencent à ne plus ressembler à des êtres humains, mais à des bêtes. Il y a peut-être deux types d'esclaves, ceux qui sont nourris pour produire et ceux, peuples vaincus et punis, qui sont utilisés jusqu'à leur épuisement et leur mort.

D'un autre côté les architectes ont commencé des constructions pour des riches romains et c'est la compétition entre eux, rivalité de "qui fera les plus belles demeures" pour avoir la meilleure renommée.
Certains s'enorgueillissent d'avoir déjà amassé une fortune sur les constructions. Ils se rencontrent pour faire l'éloge de leurs créations. Des maisons plus modestes ont déjà été finies et réalisées. Ce sont des hommes vieillissants qui les occupent. Les premières à avoir été construites sont évidemment en front de mer.

La Cadière
César est à côté de la nouvelle maison de l'ancien chef cannibale. Il n'a pas voulu reprendre la maison construite pour l'ancien chef. Hier ou je ne sais quand, il a reçu la mercenaire de l'assassinat. Elle s'est présentée à lui, il était assis sur un petit trône, endroit pour recevoir officiellement certainement. La mercenaire s'agenouille et baise sa bague du symbole de Rome, je pense, puis elle reçoit une bourse en paiement.

Au Castellet, toujours pareil, culture, etc. Une petite tholos est érigée pour signifier la présence et l'installation romaine.

Bandol
La ville est contente de l'annonce de la mort de Foxtraon. Des pourparlers ont été engagés, les Grecs ont répondu qu'ils étaient dans l'attente de l'élection d'un nouveau chef, Strategos. Un chef de ceinturon

se propose pour la place. César est revenu au quartier général le temps des négociations afin d'être au plus près pour pouvoir répondre rapidement. La vie sauve leur est proposée si les Grecs se rendent. Il fait partir des messagers pour annoncer la nouvelle jusqu'à Rome, plusieurs, trois pour être sûr que l'information arrivera.

Il est fatigué, harassé par la chaleur. Il prend congé dans ses appartements. Le temps des négociations est considéré comme une trêve, il ne peut y avoir d'attaque, du coup il pense être en sécurité à Bandol.

Brusc

Le Bastion nord est affligé par la nouvelle. Pendant la bataille la nouvelle est partie de la tour fortin et est remontée sur la muraille de ceinturon en ceinturon, puis les hoplites ont crié "trêve" ainsi que Foxtraon était mort. Les combats ont cessé. Les Romains ont crié de joie et sont rentrés dans leur camp. Les Grecs ont procédé à un vote entre des chefs de bastion et autres. Dans un premier temps un chef de ceinturon s'est proposé, mais sa candidature a été refusée, car il était reconnu pour employer la force sans finesse ni subtilité. En petite assemblée, ils ont élu un chef par vote couvert. Celui qui a été élu est jeune. Il rentre dans ses nouveaux appartements dans la tour fortin, soit ceux de Foxtraon. Il est profondément touché, car il n'a pas fait son deuil et il aimait beaucoup son chef. Sa première décision est de continuer dans la lignée de son ancien chef, soit de continuer la guerre.

Au camp romain les hommes sont comblés, ils espèrent la fin de la guerre, pour les récompenser, une double ration leur aient donné ce soir.

Être touché du haut d'un rempart à la jambe, partie qui est normalement protégée par l'édifice, il ne peut y avoir qu'une seule explication qui semble plausible, une flèche empoisonnée qui retombe vers le sol, lancée initialement avec une certaine verticalité. L'infection rapide de la jambe était déjà suspecte. Il aura fallu deux jours au poison ou à l'attaque bactériologique pour tuer son hôte. Foxtraon a donc été tué sous première déduction, par un archer anonyme.

Tour fortin

Le nouveau chef s'effondre en pleurant dans le lit de son ancien chef, puis il sent une force le prendre pour lui dire de continuer. La force mentale et physique de Foxtraon. D'emblée il se laisse pénétrer et s'anime de cette nouvelle force de combat qui l'habite pour continuer la volonté de Foxtraon : faire le plus de perte à l'ennemi, entrer dans l'histoire et mourir en héros au combat.

CHAPITRE 19

Dim 28 juillet

Antipolis est toujours ligure, la chaleur est accablante, Nikaïa idem.
Olbia est toujours abandonnée ainsi qu'Athénopolis.
Au port de Massilia, il y a un regain d'activité, port est 50%, port ouest 10%.
Hérakleia est toujours ligure (en fait ,c'est ce dont je me suis rendu compte plus tard, les fréquences des ligures sont persistantes, donc Antipolis, Nikaïa et Hérakleia ont très bien pu être délaissées par les Ligures à partir de ces dates)
Brusc
Avec le nouveau Strategos, les Grecs ont décidé de faire une attaque punitive sur le camp romain. Ils sont en pleine bataille quand ils sont prévenus qu'une flotte arrive dans la rade, ils stoppent immédiatement le combat et retournent sur la muraille afin de parer si besoin pour se rendre compte qu'il s'agit d'une flotte alliée, celle de Nasidius qui vient d'arriver.

Bandol

Au lieu d'être affligé de l'arrivée de Nasidius, César est plus que satisfait, son piège est en train de fonctionner.

À son Quartier général à Bandol, il reçoit je ne sais qui et c'est l'entente cordiale, ils boivent à la victoire et au piège qui va se refermer sur les Grecs, soit à la réussite de leur entreprise. Peut-être un lieutenant de Nasidius. Un bateau de la flotte qui se serait séparé soit-disant messager ou pour des pourparlers. L'homme repart et rejoint la flotte. César se retire dans ses appartements, il en a plus qu'assez de cette résistance grecque qui lui coûte cher. Le marché est de proposer une bataille navale, si les Grecs gagnent, les Romains se retirent et leur abandonne Tauroeïs. Évidemment les dés sont pipés. Les Grecs ne peuvent gagner puisque Nasidius doit se retirer avant la bataille et laisser la flotte de Brutus écraser les Grecs. Le but de la bataille est aussi d'affaiblir les Grecs en tuant le maximum de soldats afin d'avoir plus de chance de vaincre la muraille.

Brusc

Au bastion nord, les Grecs sont ravis et très enthousiastes de l'arrivée de la flotte. Nasidius débarque, il a l'air très fier. La ville reçoit ses hommes et ses esclaves. Au bastion sud ainsi qu'à la muraille, ils sont également tous très enjoués et regonflés par cette arrivée.

Au camp romain, ils soignent les blessés de l'attaque. Certains espèrent qu'ils vont être appelés ailleurs. L'attaque des hoplites a été menée comme un éclair, tout a été basé sur la rapidité d'action. (avant l'arrivée de la flotte) Les Grecs sont remontés rapidement en face entre le ceinturon 3 et 4 soit la rue Marius Bondil actuelle. Sans l'arrivée de Nasidius, soit la cause de leur repli, ils auraient peut-être rasé le camp, du moins c'était bien parti.

Tour fortin

Le nouveau Strategos est évidemment ravi de l'arrivée de Nasidius. Il prend cela comme un signe du destin, qu'avec lui, du moins depuis qu'il est chef, la chance est en train de tourner et que la victoire va leur être attribuée. Il est content du résultat de son attaque éclair et compte en refaire puisque cela a fonctionné sans trop de perte. Il regarde la flotte de Nasidius dans la baie avec fierté, pensant que c'est lui qui va la commander. Il décide alors d'essayer d'ériger une flotte tout aussi importante. Pour arriver à une égalité. Il donne des ordres, que les hommes se préparent au travail. Nasidius dort également dans la tour fortin, au-dessus, il pense que le Strategos est bien aveugle de ce qui se prépare. Il trouve qu'il a une grande candeur quasiment irréaliste. Il a hâte de remplir sa fonction et de partir d'ici. On lui envoie une servante qu'il refuse, car il a peur qu'elle soit là pour lui soutirer des informations ou qu'elle décèlerait quelque chose. Il ne comprend pas pourquoi les Grecs s'obstinent à vouloir garder ce bout de terre dans une région maintenant romaine. Il attend ses ordres lui aussi, du messager qui a été envoyé à César pour soi-disant parlementer. Le nouveau chef l'a invité à regarder les étoiles comme le faisait Foxtraon avant la bataille, mais il n'en a que faire. Il prend congé en prétextant avoir la fatigue du voyage. C'est un homme plus que sérieux, il n'a pas de temps à perdre, il est préoccupé par autre chose, évidemment. Quand vient le moment de dormir, il se couche avec un couteau, car il n'a confiance en personne. Il ne se sent jamais en sécurité, nulle part, il prend toujours des précautions au cas où, puis il s'endort comme un sac avec un couteau dans son lit. Le nouveau Strategos se met à rêver de nouvelles victoires héroïques contre César, des rêves de gloire future, de laisser son nom dans l'histoire. Il essaie de faire des calculs comme le faisait Foxtraon, mais il n'y comprend pas grand-chose, ce qui l'assomme. Il se couche finalement.

Lundi 29 janvier

<u>Antipolis</u> ligure (?), Nikaïa ligure(?)
Au Port de Massilia, il y a une très faible activité, juste à l'entrée du port.
<u>Olbia</u> est toujours abandonnée ainsi qu' Athénopolis.
<u>Hérakleia</u> ligure (?)

Brusc

Foxtraon est inhumé au temple du bastion sud.

Bandol

C'est la fête au château, il y a des invités, etc. César fête la mort de Foxtraon. Ils essaient tous de faire le plus de bruit possible à l'extérieur pour écoeurer les Grecs dont le bastion de la Cride n'est pas très éloigné, soit en face dans la rade.

Chez les riches romains de Cytharista, en ville c'est également la fête. Avec Nasidius, César espère que la victoire est proche. Dans la partie des appartements où ils mangent, il y a un prisonnier, certainement un grec sorti de je ne sais où qui sert de raillerie, en disant que c'est Foxtraon. Il est condamné à être devoré par les fauves.

Brusc

Bastion nord

Les hommes sont figés, ce sont les funérailles de Foxtraon. Le corps est sorti pour aller au bastion sud. Foxtraon a eu tous les honneurs militaires de toute la muraille sur son cortège mortuaire. Dans la ville, il y a des espions dans les hommes de Nasidius qui inspectent les fortifications et essaient de déceler les points faibles. Les funérailles de Foxtraon se déroulent au temple du bastion sud qui doit être dédié à Héraclès normalement sous je ne sais quelle représentation (accès impossible). Il y a beaucoup de pleurs de femmes, et quelques hommes se laissent emporter également.

À la tour fortin

Les hommes de Nasidius reviennent de leur inspection pour donner les informations à leur chef. Ce dernier écrit un pli pour César certainement. Le nouveau Strategos a été profondément touché et ému par la cérémonie. Il se sent comme un enfant, un orphelin. Il commence à avoir de la suspicion envers Nasidius qui n'a pas montré grand intérêt à la cérémonie et qui n'est pas resté longtemps, mais comme il pense qu'il est envoyé par Pompée, il lui fait confiance aveuglément, de toute manière ils n'ont pas le choix. La flotte dans la baie lui redonne toute confiance en la victoire.

Au camp romain, les soldats sont ravis de cette trêve.

Mardi 30 juillet

Arrivée de navire grec en renfort à Tauroeïs dont une trirème pour la bataille navale de Tauroentum, au Matin.(les trirèmes viennent du port de Toulon, Telon, qui est pour moi selon mes dernières trouvailles toujours Tauroeïs, les autochtones étant à la Seyne sur mer et à Tamaris)

Dans l'après-midi, César vient en visite pour un pour parler. La tente d'entrevue est au port actuel du

Brusc. Il entre et s'exprime ainsi " Quittez les lieux et vous aurez la vie sauve. si vous refusez, alors affrontez votre destin, ou assumez votre destin, votre sort" Sur les navires, les soldats se regardent méchamment de navires à navires ennemis, comme avant un combat de boxe. Ils se font la moue. Nasidius a pu faire passer ses messages incognito.

<u>Antipolis et nikaïa</u> ligure(?) et chaleur écrasante.
<u>Olbia</u> toujours abandonné, idem Athénopolis.
<u>Hérakleia</u> ligure(?)
Port de Massilia Webcam inactive.
En repartant, les Romains regardent bien vers le port des Embiez, car c'est là qu'est la faille selon les espions de Nasidius. Toute la chaîne de protection de la baie a été enlevée pour la bataille. En ville, les hommes de Nasidius feignent la préparation au combat. Les Grecs, eux, sont prêts depuis longtemps. À la tour fortin, les Grecs échafaudent un plan d'attaque.
<u>Bandol</u>
Dans ses appartements, César rit, car il connaît l'issue de la bataille et le piège dans lequel les Massaliotes vont être plongés. La flotte de Brutus est dans le port de Bandol, la baie est remplie de navires.
Le quartier général de César a changé de place. Il était dans la première grande pièce or maintenant par mesure de sécurité, il est plus vers la salle où ils mangeaient anciennement. Ils sont dans l'attente. Les troupes de Brutus sont en ville, on les reconnaît,

les cannibales. Brutus n'est pas trop parlant, un peu tressaillant sur lui, César lui dit "apporte-moi la victoire demain" enfin à cet homme qui est normalement Brutus dans les textes. Peut-être que Brutus a su qu'il avait fait assassiner le chef cannibale. Enfin pour l'instant il a besoin de lui. Il fait partir des messagers, toujours.

Brusc

Bastion nord

Les hommes sont ravis des nouveaux arrivants de Telon, pas mal de bateaux et peut-être deux, trois trirèmes. Tous les nouveaux combattants des deux flottes sont en ville, c'est convivial, ça parle de combat héroïque, etc.

Au Bastion sud, en début de couloir de la mort, ils rajoutent des pièges ou creusent des trous et mettent du goudron dedans ? Au camp romain, des hommes partent pour rejoindre les galères pour la bataille (volontaires), pas tous. Sur la grande muraille également, des hoplites rejoignent les troupes prévues pour la bataille.

Tour fortin

Le nouveau Strategos est flatté d'avoir eu la visite de César, il s'en sent grandi. Nasidius a reçu ses ordres à l'arrivée des galères, il doit partir. Il doit laisser des hommes à la forteresse pour ne pas éveiller des soupçons. Les plus faibles et inexpérimentés ont été choisis pour la cause. Il s'endort serein et pressé de passer à autre chose. Sentant le vent tourner il a retourné sa veste donc. On lui a promis la direction d'une cité apparemment. Il y rêve déjà. Le nouveau Strategos est confiant en la bataille, mais il sent qu'il y a quelque chose qui cloche sans savoir quoi, cela est trop facile. Les trois trirèmes viennent de Toulon, Telon donc comme à la reprise des comptoirs début juin. Strategos revoit son plan de bataille et l'échafaude avec les nouveaux arrivants. Par curiosité, il soustrait la flotte de Nasidius sur le plan et prend peur.

Au Port ,il y a quatre trirèmes je dirais, des bateaux de partout dans la baie du port nord jusqu'au port des Embiez.

CHAPITRE 20

Mercredi 31 juillet

Bataille navale de Tauroeïs / Tauroentum

1er manche de la bataille

8h26 les navires sont en place. (heure contemporaine)
8h30 la flotte de Brutus se présente en face, dégagement de la flotte de Nasidius. Elle se dégage de la zone de combat et par vers l'ouest. C'est la stupeur chez les Grecs, accompagnée de la peur. La flotte côté sud (dans la baie de Sanary toujours) prépare son attaque. Côté nord, ils restent immobiles pour faire un mur de barrage, puis ce front avance légèrement pour s'éloigner un peu plus des côtes. Dès le premier contact, il y a les premiers morts par tirs de flèches et riposte de balistes.
1er mouvement (voir plan p299)
Avancé de la ligne de navires grecs côté nord, contact avec la flotte romaine. Le deuxième mouvement est le rabattement de la deuxième ligne de navires grecs côté sud sur le flanc droit des navires ro-

mains. Suite à son dégagement, Nasidius va chez César à Bandol pour prendre sa récompense. La bataille fait rage, les Grecs essaient de se désarçonner des navires romains, ils y arrivent difficilement. Les navires romains qui sont en supériorité numérique sont obligés de se mettre des deux côtés d'un navire pour le bloquer. Les flèches font beaucoup de dégâts, de morts. Chez les Grecs, il y a des navires bourrés d'archers en manœuvre constante qui ne s'arrêtent pas. Ils tirent des salves et continuent leur route en faisant des passages. Sur le côté sud, ils voulaient attendre que la flotte soit totalement sur le front pour se rabattre. À trop attendre, les Romains viennent sur eux et c'est l'affront. Le navire d'archers grecs est intercepté en priorité et coulé par un blocus et abordage final. Suite à la manœuvre du vaisseau de Brutus, deux navires sont coulés effectivement comme il est dit dans les textes. Beaucoup de navires grecs coulent. Une fois abordés, les Romains ont une autre technique pour percer la coque et les couler. En fait, un navire le bloque et un autre vient l'éperonner. Il y a trop de perte chez les Grecs, ils reculent. Les Romains décident alors d'avancer et de faire le plus de dégâts, pas de cartier. Une grosse trirème est ciblée et coulée. Puis les Grecs, voyant qu'ils sont en train de perdre la bataille suite à l'assaut massif et la supériorité numérique des troupes, jettent leur arme chimique qui fait des ravages dans les navires romains, ce qui rend Brutus fou de rage, car il est obligé de reculer, trop de pertes. Les Romains se retirent de la bataille. Une fois les Romains partis, les Grecs reviennent vers Tauroeïs, pour soigner leurs blessés qui demandent à l'être en priorité. Parmi les blessés se trouvent également ceux qui ont été gazés par les retours de vapeurs chimique.

Au port de Tauroeïs, les Grecs expriment leur victoire, ils sont plus qu'enthousiastes. Plus tard pour la deuxième manche de la bataille, des navires romains reviennent doucement en portant des grands radeaux entre chacun d'eux. Ils sont ignorés pour l'instant.

Bandol

Brutus ment sur le nombre de galères romaines coulées et l'issue de la bataille. César dit de préparer les radeaux et fait envoyer un messager aux Grecs. On dirait que Brutus est démis de ses fonctions, un autre romain prend la tête du restant de la flotte en tant qu'amiral.

Plus tard, chez les Grecs, le messager de César les harangue pour les blesser dans leur orgueil, il leur dit qu'ils considèrent qu'ils ont gagné la bataille, donc veuillez quitter les lieux, ou alors ils doivent accepter la seconde manche sur les radeaux, soit un combat des troupes sur mer comme sur terre, pensant qu'ils auraient l'avantage. Les Grecs se méfient et pensent que c'est un piège. Cette **deuxième manche** a eu lieu plus tard dans la journée, je n'ai pas l'heure exacte. Les Grecs ont finalement accepté le combat imposé par les Romains. Les navires se sont présentés face à face, les troupes romaines sont descendues sur un grand radeau pour commencer, les Grecs les ont rejoints avec les Telonnais. Le signal a été donné et les Grecs ont plié les Romains en une rapidité fulgurante, une avancée d'un trait. Suite à cette débâcle, les Romains n'ont pas demandé de deuxième radeau et sont rentrés sur Bandol. Le soldat hoplite est redoutable, il cherche le coup fatal à chaque fois.

17h23 c'est le dernier combat sur le radeau. C'est le dernier combat de la bataille navale de Tauroentum dont j'ai vu l'écho temporel à 14 ans sans savoir de quoi il s'agissait qui est la cause, la source, le premier élément de tous mes récits d'écho temporels.

En fait, les Grecs prennent les hommes de Nasidius qui étaient restés en ville en guise de garantie et les obligent à les aider ou à remettre eux-même la chaîne qui ferme la baie. L'entreprise est assez longue, elle commence vers 14h30 pour finir vers 17h. Ensuite les Grecs mettent les hommes de Nasidius sur un radeau avec leurs armes et c'est l'attaque à nombre égal de combattants et c'est la victoire évidemment sans trop de perte. C'est le dernier combat de la bataille navale de Tauroentum. (dans le récit de la Guerre civile de César livre 2 chap 4 à 7, ce sont les Romains qui gagnent la bataille…)

Bandol

Après son dégagement, Nasidius est venu voir César pour réclamer son dû. César l'a poignardé lui-même et a laissé son corps baignant dans son sang au sol dans son quartier général toute la journée. Après la bataille, la flotte de César est réduite de 50% à 60%. Les Romains ont fait des prisonniers grecs. La flotte grecque a été réduite de 30 à 40%.

CHAPITRE 21

Bandol au soir
César est fou de rage, il a peur qu'on se moque de lui dans tout l'Empire romain. Sa flotte et ses soldats d'élite battus par les Hoplites de Tauroeïs. Le soir au château, il fait torturer des prisonniers faits pendant la bataille, peut-être lors de la prise d'une ou deux galères. Les Romains les font crier comme des haut-parleurs, leurs cris déchirent le ciel et César ne se lasse pas de les entendre. Les corps des suppliciés s'entassent. Dans le camp des prisonniers, un ou deux hoplites arrivent à se suicider même en étant attachés, en s'auto étranglant.
César ne se lasse pas de leurs cris donc. Dans sa villa, des prisonniers sont également torturés. Il se nourrit de leur agonie et vient mettre son oreille juste devant leur bouche pour entendre leur dernier souffle, le prix de la défaite. Puis il en demande un autre.
Brusc
Au bastion nord c'est la fête, les Grecs baignent dans un sentiment de fierté et d'invincibilité. Aux Embiez ils font la fête également sur la partie entre la lagune et le port actuel des Embiez. Le vent ne porte

pas les cris des suppliciés jusqu'ici. Peut-être qu'à la batterie de la Cride les entendent-ils. C'est une grosse fête, certainement avec les guerriers de Telon, la rigueur grecque que j'ai vue jusqu'à présent n'est plus présente. On dirait un barbecue géant, nourriture, alcool et un peu de femmes. C'est la liberté, mais ils sont devenus trop sûrs d'eux.

Au bastion sud c'est la fête également, ils pensent qu'ils ont gagné la guerre.

Au camp romain du Mont Salva c'est le découragement.

À la grande muraille, c'est une fête mesurée (de garde quand même) et un sentiment d'invincibilité qui règne.

Tour fortin

Le nouveau Strategos n'est pas là, il fait la fête.

Jeudi 1er août

Embiez

Effectivement c'est bien les autochtones de Telon entre la lagune et le port des Embiez, ils font toujours la fête, ils décuvent pour certains. Il y en a un qui dort. Ses amis, à dix, avancent en rang, feignant une marche d'attaque ennemie en forçant le pas pour le réveiller en sursaut et rient de la réaction de panique et prêt au combat de leur ami.

Bandol

César rumine sa vengeance. La ville se prépare au combat. Il est assis sur son trône et Brutus est ligoté et bâillonné à ses pieds. Il réfléchit calmement puis de temps en temps, entre en fureur et lui met des coups de pieds tout en restant assis. Cela dure une bonne partie de l'après-midi, puis il le fait dé-ligoter en lui disant la prochaine fois amène moi la victoire ou de meilleures nouvelles. Puis il se sert un verre et demande des nouvelles d'autres fronts. Toujours pareil l'interlocuteur parle, décrit la situation et César répond en donnant ses ordres.

Brusc

Bastion nord

Ils font la fête, aux Embiez également, ils boivent comme des trous. Au bastion sud, les pièges au sol sont maintenant sur toute la longueur du couloir, goudron pics, etc. Sur la grande muraille, ils se relèvent pour faire la garde et faire la fête.

Au Camp romain, c'est la trêve, il n'y a aucune tension, c'est la relâche.

À la Tour fortin, il y a eu un banquet qui s'est terminé en beuverie finalement, sous la table pour certains avec la chaleur etc..

Plus tard dans sa chambre, le nouveau Strategos est plus que fier, il croit qu'il a la vie devant lui et qu'elle sera parsemée d'exploits du même genre, pourquoi pas un avenir à la Persée ou Achille. Vu la victoire, il pense finalement qu'il n'a pas besoin des

étoiles, soit des méthodes de Foxtraon. Il range du coup les planches à calcul et carte céleste de Foxtraon. Il cherche son reflet dans un néo-miroir et pense que peut-être un jour une monnaie sera faite à son effigie. Il regarde à la longue vue (?) (normalement c'est un anachronisme, mais non il a une longue-vue, pour le rapport d'agrandissement, il regarde le camp des telonnais sur les îles actuelles des Embiez, et voit ce qu'ils font, de la tour fortin à cet endroit précis il y a une distance à vol d'oiseau d'un kilomètre, après ce sont les limites de la lunette) la fête des telonnais, parce qu'ils font un sacré boucan qui s'entend de la tour fortin. Il pense qu'il est temps de rentrer dans l'ordre maintenant. Il regarde également le petit Rouveau pour voir s'il n'est pas attaqué. Lui a bien dessaoulé et se demande ce que va être la suite avec César. Il voudrait envoyer des espions au camp romain du mont Salva, mais il sait que cela ne sert à rien, car ce n'est pas le centre de décision. Il se résout à attendre. Il envoie un pli à César (plus ou moins " peut-on espérer la paix entre nos peuples") qui ne répondra jamais par écrit . César donne un plat (du raisin ?) au messager en lui disant de dire que c'est peut-être la dernière fois qu'il en mangera.
Le corps de Nasidius a fini au tigre.

Vendredi 2 août

Au Brusc c'est la toujours trêve.
Port de Massalia Webcam dysfonctionnement
Antipolis est toujours ligure(?) la chaleur est encore plus oppressante, idem nikaia.

Bandol
César fait des jeux. En ville ils s'entraînent pour se remonter le moral et être plus fort vu la défaite sur les radeaux. C'est un entraînement conséquent de tous les hommes. À l'intérieur des appartements, César fait des jeux avec les prisonniers et un adversaire de jeu. Au sol il y a un quadrillage, les prisonniers grecs sont saucissonnés sur un petit mât posé sur un socle. César joue la partie avec son adversaire, ami de jeux et quand l'un des deux perd son pion, évidemment il est tué. Les derniers pions restants sont remis en jeu pour la prochaine partie. Le sol est plein de sang. Quand les pions sont perdus, leur façon de mourir est tirée aux dés, égorgement, éventration, décapitation, couper la langue, etc. Ça le distrait, le détend, le calme, ça lui offre un semblant de victoire qu'il n'a pas eu, mais la trêve l'ennuie.

Brusc
Au bastion nord, sud et sur la grande muraille défensive est, les sentiments de fierté, d'honneur et d'immortalité règnent. Ils pensent tous qu'ils sont rentrés

dans l'histoire. Entre la lagune et les Embiez, c'est le camp qui a été attribué au Telonnais venu aider pour la bataille. Le dédale en dessous du bastion sud a également été renforcé de pièges, goudron, etc, au sol.

Au camp romain, ils changent progressivement les troupes afin que les anciennes troupes ne démoralisent pas les nouvelles qui sont prévues pour les remplacer. Le camp est à nouveau assez restreint, il ne va pas plus loin que le Mont Salva.

À la tour fortin, le nouveau Strategos est très déçu de la réponse de César, lui qui se faisait des rêves de paix. Il n'a vraiment pas envie de refaire la guerre, pour lui ils ont déjà tout eux, la victoire et l'assurance de la postérité, pourquoi ne pas finir sur cette belle note. Il est déçu de César, il pensait qu'il était un plus grand homme que ça. Tout cela commence à l'ennuyer vraiment, il est las de la guerre, ils ont eu la victoire pourquoi cela ne s'arrêterait-il pas là? Il convoque une réunion de tous les chefs de bastions, puis il continue ses observations à la lunette, guettant les mouvements de l'ennemi, inexistants pour l'instant à la frontière de la rade. La chaleur est écrasante également.

Samedi 3 août

<u>Antipolis</u> est toujours ligure, (?) la chaleur est accablante.

<u>À Nikaïa</u> au niveau du théâtre de verdure actuel, un camp ligure a pris place, ils sont venus des montagnes pour s'installer voyant que les cités étaient abandonnées.

<u>Hérakleia</u> est toujours ligure(?) Athénopolis est toujours abandonnée, idem Olbia.

<u>Embiez</u>

C'est encore la trêve, les bateaux sont toujours dans la baie, ceux des Telonnais sont en face de leur camp. Ils aménagent des catapultes sur la muraille pour répondre aux futures attaques de la zone du Cougoussa et du début de l'ancien sanctuaire de temple des Embiez.

<u>Bandol</u>

César reçoit des convives dans la nouvelle villa qu'il s'est fait construire sur le sommet du château. Hier, il était allé admirer la vue de sa terrasse sur le toit. (je suis passé à côté de la décision de faire construire une villa, je n'ai rien vu venir, les anciens appartements grecs devaient lui rappeler de trop mauvais souvenirs.) La ville est également festive, sous l'ordre de César.

Massilia

La nouvelle ville romaine prend racine sur les cendres des morts de Massalia. Les grands travaux ont été effectués, la masse d'esclaves employés jusqu'à la mort, soit ceux prévus pour la destruction d'édifice, est partie pour d'autres missions ou ce qu'il en reste. Je pense qu'ils ont détruit quelques murailles de la barrière défensive et qu'ils ont laissé les deux remparts de plus de 20m sans aucune certitude à ce sujet. La vie romaine classique commence à prendre position dans la ville, Massilia est maintenant romaine. Ils commencent à construire un cirque pour les jeux. La ville a été rasée de toute habitation ancienne. Ils ont fait de grands aplats, champs quadrillés, avec rue, etc, la nouvelle implantation est réussie. L'ancien fort extérieur à la ville est maintenant un camp pour les esclaves.

Parmi les Romains, en ville, il y en a un qui n'est pas tranquille, il sent les choses, il sent qu'il s'est passé des évènements ici sans savoir quoi. Presque il entend le cri des massacres lui frapper les oreilles. Il décide de quitter la ville, se refusant à y vivre sans dire pourquoi à quiconque.

Carcisis

Le centre de formation est toujours actif, plus que jamais même, on broie de l'homme pour en faire des légionnaires et autres, des soldats d'élite.

À Cytharista c'est villas romaines et domaine de grand luxe, la "baie des dieux", pour des grosses fortunes.

La Cadière

César étant revenu avec ses troupes à Bandol, c'est le personnel exploitant, ouvrier, qui est dans l'acropole. Les nouveaux chefs romains se sont fait construire des maisons le long de la crête là où il y avait avant le sanctuaire dédié aux divinités de la musique. Le chef est une femme.

Castellet

Ce sont toujours des femmes qui occupent la cité, elles produisent je ne sais toujours pas quoi. Cela a l'air d'être devenu semi-religieux.

Bandol

César emmène son hôte principale, une femme (sa robe a des ailes de papillon dans le dos, vu son rang personne ne s'aventure à lui faire une seule remarque) sur la terrasse et il l'embrasse, mais sa conquête ne veut pas aller plus loin, pour plus tard si un jour ils sont mariés. Elle part en le laissant espérer, en lui disant qu'elle reviendra le voir bientôt. Frustré, il déverse sa petite colère sur un serviteur en disant de bien nettoyer le sol ensanglanté du jeu de la veille.

Embiez

Au bastion nord, ils sont toujours dans leur rêve d'immortalité et pensent à faire sculpter leur profil en bas-relief sur les murs de la forteresse pour la postérité. Au camp des Telonnais, ils s'ennuient, ils ont hâte que les combats reprennent, ils aiguisent leurs armes, etc.

Le dédale est maintenant sur-implanté de pièges supplémentaires. Au bastion sud, à peine sur leur garde, c'est toujours la trêve. Le camp romain n'est plus qu'un camp de position maintenant. Sur la grande muraille défensive est, ils sont toujours fiers, ils se trouvent légendaires...

Tour fortin

Strategos n'est pas là, il est parti espionner l'ennemi au bastion de la Cride.

Dimanche 4 août

Il y a un cérémonial au bastion sud. Profitant de la trêve, les Grecs ont amené le corps de Foxtraon, en procession, au temple de Perséphone détruit. Ils cherchent des bouts de statue dans le temple détruit, ils trouvent une main, ce qui les ravit. Il y a des pleurs, etc, procession funéraire. Un mini autel est improvisé.

<u>Bandol</u>

César s'entraîne au glaive sur des Grecs attachés à un mât, les bras liés, seuls les avant-bras sont libres, on leur donne une épée en bois. Puis il reçoit un homme qui lui rapporte des nouvelles d'un front que j'ignore et il donne ses consignes. En ville, des combats sont organisés avec des prisonniers grecs. En fait, ces derniers ne sont pas armés et ils sont terrorisés, ils sont regroupés en rond et ne sont pas tués. C'est une manœuvre pour démystifier les Grecs, car maintenant les Romains en ont peur. On leur apprend à ne plus être terrorisés par les Grecs en les montrant sous des traits de faiblesse. Les Romains sont autour et crient leur rage sans les tuer, un à un ils expulsent leur peur.

<u>Brusc</u>
À la tour Fortin, Strategos est toujours absent. Les Telonnais ont participé à la cérémonie pour leur ami défunt. Après la cérémonie, le corps de Foxtraon est amené à un navire, j'ignore pour quelle destination.

Lundi 5 août

<u>Antipolis</u> est toujours ligure (?), la chaleur est toujours écrasante.
À Nikaïa, il y a toujours une activité au théâtre de verdure actuel, un camp ligure, semble-t-il.
<u>Olbia</u> est toujours abandonnée, idem Athénopolis.
Port Massilia dysfonctionnement webcam.
<u>Hérakleia</u> est toujours ligure (?)
<u>Bandol</u>
Il y a des danseuses pour César et ses invités. Ils finissent tous sur la terrasse pour admirer la vue. Dans les discussions il y a des projets de construc-

tions de villa, etc, soit une nouvelle urbanisation de la ville.

En ville c'est la préparation au combat, ils se battent avec les Grecs sans les tuer pour trouver leur point faible face à leur méthode de combat et élucider comment les vaincre. La Flotte romaine est toujours dans la baie.

Embiez

Tour fortin

Strategos est de retour, il est confiant et serein. Il a compris qu'il n'y aura pas d'attaque prochainement, la trêve est bien une trêve (dûe à la chaleur, je pense). Il lit des parchemins qui appartenaient à Foxtraon. Le corps de ce dernier a été amené ailleurs donc en bateau pour une meilleure sépulture et surtout digne de lui ou sur ses terres natales. Quasiment toute la flotte est toujours là. Au Bastion nord, ils ont fait graver leur portrait de profil, en bas-relief sur les murs. Peut-être sur les murs interne des remparts de la grande muraille et au bastion nord et sud également. Le camp romain du Mont Salva est toujours tenu.

Mardi 6 août

Bandol

César s'amuse toujours sur des Grecs attachés. En ville, ils ont fini d'épurer les techniques des Grecs, du coup ils les ont à nouveau regroupés en rond, mais cette fois-ci c'est la boucherie, peut-être aidée par des machines prévues à cet effet.

Aux Embiez, les Telonnais, sont lassés de l'absence de combats, ils ont l'impression de s'empâter et de perdre leur combativité à la guerre.

CHAPITRE 22

Mercredi 7 août

Embiez
Les combats ont repris, les Romains ont repris le petit Rouveau jusqu'à la pointe du Cougoussa.
Bandol
César a lancé les ordres d'attaque, beaucoup de légionnaires sont partis de la ville. Ils pensent pouvoir contrecarrer les techniques de combat des Grecs avec les entraînements précédents.
En ville, il y a des départs avec une logistique imposante (catapultes).
Dans son nouveau quartier général, dans sa villa, César élabore de nouveaux plans de bataille, étudiés au maximum pour se persuader de la victoire. Il envoie des messagers avec des plis avançant la future victoire, étant sûr de lui.
Embiez
Les Romains ont réussi à amener des catapultes sur les Embiez, après s'être débarrassés des catapultes sur la muraille grecque (bombardement incendiaire?), ils ont monté des catapultes à la pointe du Cougoussa et ont commencé à bombarder la ville,

qui était déjà vide. Heureusement ils ne savaient pas où était le camp des Telonnais, qui sont apparemment dans des fortifications. Les Grecs sont bombardés avec les pierres de leur temple de Perséphone. Les tirs sont faits principalement avec ces débris.

Bastion nord

Ils sont déçus, ils pensaient être considérés comme invincibles et que les Romains ne retenteraient plus rien. Les Romains ont attaqué sans prévenir, tuant la trêve.

Au bastion sud, le couloir de la mort a pleinement fonctionné. L'attaque a été évidemment repoussée.

Au camp romain il y a maintenant des hommes qui sont vraiment à craindre, plus que dangereux, remplis de haine et de rage, ils font peur.

À la fin de la route Marius Bondil, après l' attaque ou peut être même dès le début, les Grecs ont encore fait une sortie au pied des murailles et ont encore fait mouche en repoussant l'assaut romain sur ce point. Ils sont terrifiants d'agilité, de technicité et de force.

Puis la grande murale a reçu une grande pluie de flèche. La porte nord a également fonctionné.

Tour fortin

Strategos est écoeuré de la bassesse de son adversaire qui a attaqué en ne respectant pas la trêve. Vu l'intensité de l'attaque et la persistance de l'adversaire, il commence à entrevoir la possibilité d'une défaite. Il comprend qu'ils n'abandonneront jamais. Se sentant perdu, il regarde les anciens calculs de son prédécesseur avec les étoiles et les constellations et essaye d'y comprendre quelque chose. Il place tout sur Héraclès. C'est son choix, pour les combats héroïques. Et donne l'ordre au bastion d'en faire autant.

La porte nord a subi un assaut aussi côté mer, ils ont donc dû contourner la flotte. Avec les nouveaux pièges, ceux qui sont entrés dans le dédale ne sont pas allés bien loin.

Jeudi 8 août

Peut-être de nuit, les Grecs ont tout repris, la pointe du Cougoussa, etc, et ont chassé tous les Romains, y compris le petit Rouveau sauf le camp du Mont Salva. Les catapultes ont été jetées de la falaise. Le soir, c'est la fête encore pour la victoire, les Grecs ont allumé des feux à la pointe du Cougoussa et pour la première fois au Rouveau afin qu'il soit visible de Bandol, en pied de nez.

Bandol
César enrage, mais il a un autre plan sur lequel il compte, qui va être terrible apparemment. La ville se prépare, logistique encore, plus grosse cette fois-ci.

Sur place

César crise et s'arrache les cheveux, il comptait vraiment sur cette stratégie qu'il pensait gagnante. Il fait écrire des plis et fait partir des messagers, spécifiant d'attendre un peu avant d'annoncer la victoire, qu'il rencontre une résistance inattendue. Il demande si les bombes incendiaires sont bien arrivées, effectivement elles sont en masse en ville à côté du port. Et peut-être d'autres armes dont j'ignore encore la nature (ce sont les tours catapultes de la prise de Massalia). Il n'y a plus de prisonniers grecs à tuer pour se venger, il s'en veut de ne pas en avoir gardé. Puis il va en ville pour passer en revue les troupes et voir les armes qui sont arrivées, il tue quelqu'un pour se calmer, un porteur peut-être ou un esclave. Il demande un décompte rapide des arrivées, puis il vacille un peu, trop d'émotion. Il rentre aidé de son escorte au début qu'il décline ensuite violemment. Le dégoût de la défaite le gagne. La défaite ne lui fait plus rien aimer comme s'il devenait obsolète. Sa fonction est de gagner pour Rome, s'il perd, il perd la face, incompétence et risée des autres (et un autre élément que je verrais plus tard). Il se reprend doucement dans ses appartements. Le bain lui est salvateur comme à chaque fois.

Brusc

Le Bastion nord a subi un bombardement .Sur les murailles des Embiez, les hommes tiennent la position.

Bastion sud

Au fond du couloir, les Grecs incinèrent les corps des Romains empilés. Le couloir est rempli de corps, plusieurs couches qui n'ont pas pu être enlevées encore. Les assauts se font sur les corps qui deviennent du coup, eux aussi des obstacles.

Le camp romain du Mont Salva se vide petit à petit. Les hommes ne comprennent pas, personne ne revient. À la grande muraille, c'est également l'hécatombe, les Grecs ont une rapidité d'exécution redoutable. Ils anticipent et savent exactement les réactions des hommes quand ils rentrent dans leurs pièges, ils n'ont plus qu'à les cueillir, qu'à les exécuter plutôt. Sans le savoir, les Romains font toujours les mêmes choix de rabattement dans la muraille.

Tour fortin

Le nouveau chef est repu de cette journée de sang, à nouveau il souffre des mêmes maux que son prédécesseur Foxtraon, mais chez lui, cela se traduit par une réaction épidermique, ii tremble. Il ne sait pas gérer ce surplus d'émotion. Les cris résonnent encore dans sa tête. Il fait abstraction de tout raisonnement pour tenir le coup, surtout ne pas penser. Le matin pourtant, la récupération de la partie ouest des Embiez avait été une grande victoire qu'ils avaient commencé à fêter avant que l'attaque ne reprenne sur le flanc est. Il n'est pas préparé à autant de combats, aucun ne l'est et pourtant ils font le travail.

Le nouveau Strategos pense vivre la nuit la plus noire de sa vie. Le calme qui est revenu dans la cité, le terrorise. Il a l'impression que les cris résonnent plus forts dans sa tête, puis il s'effondre sur le lit et aimerait ne jamais se réveiller.

Vendredi 9 août

Embiez
Le petit Rouveau a été à moitié bombardé, le grand Rouveau a été totalement bombardé, la pointe du cougoussa à moitié bombardé par les Romains de leurs galères avec des bombes incendiaires.

Bandol
César reçoit sur sa terrasse, il parle du problème avec les Grecs, comme quoi c'est une épine dans le pied. La ville est au repos, mais toute la logistique est là, prête à être embarquée.

César se rassure en disant qu'avec toute la nouvelle logistique et les nouveaux moyens qui sont arrivés, les Grecs n'en ont plus pour longtemps.

Apparemment il y a un appel de légion supplémentaire. Sur sa table des opérations, il ne cesse de faire des plans ou au final il fait tomber le pion représentant les Grecs, ça le rassure, ça le travaille vraiment. Il a vraiment changé de psychologie dans sa nouvelle villa romaine faite pour lui, il n'est plus le même que quand il était dans les murs grecs, cela a eu un impact sur lui. De temps en temps, il va regarder la vue pour se détendre. Des navires arrivent, ses amis, convives et invités viennent le voir. Ils parlent du problème grec, César dit qu'il est obligé de cacher le nombre de pertes et annonce la couleur sur la réalité de la situation. Ces amis l'encouragent à dépasser certaines limites dont j'ignore la nature. Puis ils trinquent à la victoire et aux futures conquêtes et à l'Empire romain. Ces amis le rassurent en lui disant que beaucoup de conquêtes ont déjà été faites, Massalia ect, et que déjà la rentabilité est au rendez-vous. Peut-être même on lui pardonnera de ne pas avoir pris Tauroeïs, ce que lui n'accepte en aucun cas. Selon lui, il n'y a pas de défaite possible.

CHAPITRE 23

<u>Brusc</u>

Le bastion nord est effrayé par une attaque à la porte nord par l'est. Au bastion sud les Grecs ont laissé les corps des Romains pourrir dans le couloir de la mort des derniers quarante mètres après le sas de la mort. Il y a deux, trois mètres de corps empilés sur 40 mètres de long. Les hoplites sont lassés de tuer. Ils laissent les Romains rentrer sans encombre jusqu'au spectacle désolant des cadavres qui sont là depuis hier et les laissent repartir en leur disant que c'est ce qui se passe ici depuis quelque temps, car ils ont bien compris qu'on leur a caché les morts d'avant.

Au camp romain c'est la Stupeur, la peur, la semi-révolte et l'indignation sur la tromperie dont ils ont été victimes et déjà l'envie de repartir.

La grande muraille a encore subi un assaut et c'est également l'hécatombe du côté romain.

À la tour fortin

Le nouveau Strategos s'est suicidé. Il s'est empoisonné, trop de morts, trop de massacres, rien au monde pour lui ne mérite autant de sang. Personne ne le sait encore, il l'a fait en rentrant de la bataille.

Samedi 10 août

Port de Massilia il y a une faible fréquentation remplissage 30% côté est 20% côté ouest.

Antipolis, le camp de Nikaïa s'est installé aussi dans la cité suite à un combat avec le peu de ligure qui restait.

Nikaïa
Les tentes du nouveau camp sont toujours là, mais beaucoup sont partis à Antipolis.

Olbia est toujours abandonnée.

À Athénopolis, c'est le début de la reprise et aménagement romain, venu de Fréjus ?

À Hérakleia, les Romains sont venus en bateau, ils font un rapide repérage puis repartent. Cachés, les Ligures les ont observés.

Bandol 1er lecture
César fait la fête sur sa terrasse pour fêter la mort du nouveau Strategos, également en ville des vivres sont distribués aux soldats, etc.

À Cytharista, ils fêtent également la mort du chef grec. C'est une décadence organisée, plus on est élevé en rang, grade, plus on a le droit d'être stupide.

À Carcisis, également, mais la fête est plus spartiate. Le chef fait venir des danseuses dont il abuse ensuite.

Massilia

La ville commence à se structurer et à baigner dans la tranquillité. Un calme apparent règne, interrompu par le bruit des nouvelles constructions. Des architectes sont toujours à l'œuvre et font de nouvelles parcelles, encore et encore. Le fort extérieur est toujours la cité des esclaves ou les êtres humains ne ressemblent plus à des êtres humains. Parfois les Romains viennent prendre des esclaves pour nourrir les fauves : la cité de l'horreur. Le cœur de la nouvelle ville commence à battre doucement, quelque chose a stoppé l'élan de construction massif : la chaleur. Les architectes s'enrichissent considérablement et changent de statut social.

La Cadière est devenue une petite ville romaine, marchands, exploitants, etc. Ils sécurisent les denrées dans l'Acropole.

Le Castellet

Les prêtresses cultivent toujours je ne sais quoi. Elles font aussi des sacrifices, du moins elles supplicient des hommes au nom de je ne sais quels rites ou divinités.

Bandol lecture sur place

À l'annonce de la mort du chef grec, César a poussé un énorme cri de joie. Puis il a organisé sa fête pour le soir. En ville les hommes sont autorisés à boire un peu, etc, on leur donne un peu de victuailles, personne n'a le droit d'être saoul.

C'est la fête sur la terrasse, mais il y a quelqu'un qui est jeté du haut de la terrasse par ordre de César. C'est un serviteur, il a fait une erreur en servant ses invités, peut-être renverser quelque chose sur l'un d'eux. Les discussions et les projets repartent au sommet. César est fier à nouveau, il pense que son image est redorée par la mort du Strategos grec.

Brusc
Bastion nord
Ils sont en deuil et en deuil d'héroïsme : les héros ne se suicident pas.
Bastion sud. Ils ont brûlé les corps des Romains morts dans le couloir directement, sans les déplacer vers la zone d'incinération qui est après le couloir.
Dans le camp romain du Mont Salva c'est la fête.
La muraille est pleine de corps de soldats Romains non enlevés. Ils sont empilés au bord des murs, dans des angles parfois, on pourrait presque s'en servir pour gravir la muraille. Un nouveau chef a été choisi parmi les chefs de bastions ou de ceinturons, tiré à la courte paille car personne ne se propose.
Le nouveau Strategos décide qu'il faut mettre des drapeaux tout le long de la muraille pour signifier l'héroïsme des hoplites. Dans ses nouveaux appartements, il ne parle pas, ne réagit pas, amorphe déjà, semble déjà polytraumatisé. Il se dit que c'est une mauvaise période à passer et que cela va s'arrêter un jour, jusqu'à là il faut attendre. Lui, il cherche surtout à ne pas réfléchir, à ne pas penser,

attendre juste que ça passe. Il scrute également la baie pour voir d'éventuels mouvements des ennemis.

CHAPITRE 24

Dimanche 11 août

Bandol

La logistique et les troupes, etc, tout est parti pour Tauroeïs. César lance ses aigles sur Tauroeïs. Il regarde le départ de la terrasse de toit de sa villa.

Plus tôt dans la journée, assis sur son trône, il attend impatiemment des explications de quelqu'un qu'il invective vivement. Peut-être le messager de retour qui lui annonce que les Grecs n'abandonnent pas malgré la mort du chef, le nouveau nom lui est donné et César s'énerve et menace le messager. Suite à l'annonce du messager, il lance son attaque. En disant on verra bien ce qu'ils feront contre ses "****" (ce sont les tours catapultes du siège de Massalia). Apparemment il mise tout sur cette attaque. Il se sert un verre, à la victoire. Puis monte sur sa terrasse pour voir l'évolution et l'avance de ses troupes ou d'éventuels bombardements.

Brusc

Au bastion nord, ils ont peur, l'héroïsme est loin derrière. Le Cougoussa, le petit Rouveau et le front face à la muraille sur les Embiez ont été repris.

Les Telonnais sont repartis et ont mis les trirèmes à l'abri, semble-t-il, à Telon, leur port d'ancrage. Il y a eu un désaccord avec le nouveau chef, du moins ils en ont pris l'excuse pour partir. Ils ont compris que César n'abandonnera jamais, que des Romains viendront toujours.

Il y a une attaque frontale massive au port de Tauroeïs du coup, les Romains se sont encore engouffrés dans le dédale pour y mourir, cette fois-ci ils sont allés jusqu'au bout, soit jusqu'au cul-de-sac. Au bastion sud, ils avaient brûlé les corps et les avaient laissés sur place offrant un spectacle désolant, affreux, horrible. Ils stipulent aux nouveaux attaquants : ''voilà ce qui vous attend si vous entrez '', et les Romains font demi-tour.

Au camp romain, les nouveaux légionnaires ont toute confiance en leur future attaque. La logistique est là, ce sont les tours catapultes du siège de Massalia donc. Ils commencent leur construction sur les points culminants pour bombarder la muraille. Vu le relief elles seront fixes. La muraille a peur, car ils ont compris qu'ils seront bientôt à portée de tir.

À la tour fortin.

Le nouveau chef est vraiment bizarre, il est fou, une journée de pouvoir aura suffi à laisser s'exprimer sa folie. Il ironise avec la mort. Il passe en revue dans sa tête toutes les façons qu'il a vues de mourir depuis le début des combats et essaye de trouver une logique supérieure à tout ça. La folie l'encercle doucement. Il n'y a plus que la mort pour lui maintenant et ce qui est important, c'est comment mourir. Leur sort dans l'au-delà sera en fonction de comment ils vont mourir, enfin il déraisonne. Il cherche à associer des dieux à la façon de mourir et cherche le bon dieu ou la bonne façon de mourir. Un hoplite vient l'achever dans sa chambre, il hurlait ses délire à haute voix. Un autre chef est re choisi à la courte paille entre les chefs de bastion ou de ceinturon restant. Le nouveau n'est pas rassuré et pense qu'il faut se focaliser sur la destruction des tours. Des plans sont échafaudés pour aller en ce sens.

Lundi 12 août

Antipolis a bien été prise par ceux qui étaient à côté de Nikaïa. Je pense qu'il s'agit d'une autre tribu ligure environnante, non cannibale en tout cas, ils viennent certainement du Piémont.

Nikaïa, les nouveaux arrivants restent dans leur camp de tentes à côté de la ville.

Athénopolis est en reconstruction romaine, qui sont venus de Fréjus toujours.

Hérakleia ne peut être reprise, les Ligures sont en trop grand nombre.

Port de Massilia

Arrivée massive d'esclaves au quai est 50%, denrées quai ouest 30%

Brusc

Les tours ont été montées. Elles sont sur le Mont Salva, à gauche et à droite. Les tirs de catapultes sont catastrophiques pour la grande muraille défensive est. Les hoplites ne peuvent pas rester sur la muraille en masse évidemment. Seuls ceux qui peuvent se protéger conservent leur position. Les tirs peuvent atteindre la dernière muraille de quatre mètres de large côté ouest. Du coup les Grecs vont au front des Embiez reprendre le côté ouest du bras de terre après les murailles pour empêcher l'implantation des Romains. Les catapultes ne font que des dégâts matériels pratiquement, comme les hoplites se protègent, ce ne sont que les éclats de pierre dus aux impacts qui les blessent parfois, dangereusement. Il n'y a pas d'attaque romaine au sol sur la muraille pendant les tirs car ils pourraient être mortels pour leurs propres troupes. Les Romains cherchent à détruire les défenses. Le bastion nord est à portée de tir.

Tour fortin

Le nouveau chef grec est dépité, les tours sont surprotégées et faire une excursion de nuit pour les détruire s'annonce impossible. Une première tentative lancée hier soir a échoué. Il pense que la défaite est proche. La tour fortin n'est pas épargnée par les tirs, le bruit des impacts résonne sourdement dans l'édifice, mais tout résiste pour l'instant, la muraille comme la tour, mais pour combien de temps ?

Il pense à monter les catapultes longue-portée qui avaient servi à nettoyer la pointe du Cougoussa en haut de la tour fortin pour répondre aux tirs. Ce sera l'objectif de demain. Les hoplites qui sont partis vers les fortifications ouest et la ville sont dépités. Ils considèrent s'être pris la raclée de leur vie avec les tirs de catapultes. Au niveau de la ville, ils sont en sécurité, car hors portée de tir, c'est la limite de portée des catapultes.

Au bastion sud, également à portée de tir, les Grecs ont désengorgé le couloir de la mort des cadavres des Romains, ils sont prêt à nouveau à ce qu'il fonctionne pleinement, vu l'assaut. Ils sont prêts à nouveau à tuer du Romain, encore et encore, la rage est revenue.

Au camp romain, les troupes ont commencé à arriver en masse et attendent le prochain assaut. Ils sont impatients, car ils pensent qu'il sera celui de la victoire.

Bandol

César est satisfait, il rit des Grecs. Il pense que la victoire est acquise et il se moque d'eux (seul) en disant qu'ils ont été bien stupides de se mesurer à lui, qu'ils ne l'ont pas jugé à sa juste valeur, qu'il va leur faire payer, etc. Il attend les nouvelles de ses troupes sur place, se croyant déjà vainqueur, la pression retombe, il est fatigué.

Les troupes s'apprêtent à un embarquement pour un assaut massif.

CHAPITRE 25

Mardi 13 août

Brusc
C'est la trêve, arrêt des tirs de catapultes pour les pourparlers.
Bandol
La ville pense que la guerre est finie. César reçoit les Grecs en pourparler, qui ne se sont pas encore rendus. Avant l'entrevue, il pense qu'il va les avoir. Au début de l'entrevue, il leur fait leur éloge, etc : vous vous êtes bien battus, mais maintenant il faut reconnaître que vous avez perdu. Les défenses tiennent, rétorquent-ils, du moins elles sont toujours debout, ils lui répondent qu'ils n'ont pas encore perdu. Les Grecs ne cherchent qu'à gagner du temps, à faire venir des catapultes des bastions de la côte. César leur propose une reddition pas trop clémente pour qu'ils y croient. Le droit de partir avec leurs richesses, d'emmener ce qu'ils veulent, de laisser les esclaves et les bateaux de guerre (il veut les trirèmes). Évidemment les Grecs sentent qu'il y a quelque chose qui cloche. Ils demandent à se retirer pour réfléchir, ils réclament un temps de délai de ré-

flexion. Il accepte pour je ne sais combien de jours, trois sont demandés, deux sont accordés je crois. Après l'entrevue et le retrait des Grecs, il fait partir un messager. Les Grecs devaient être huit environ, deux , trois chefs et leurs gardes. Ils ont fait en sorte que César ne sache pas qui était le nouveau chef. Ils disent qu'ils sont tous responsables maintenant, qu'ils décident à plusieurs. Prévoyant ces jours de trêve, César en profite pour organiser je ne sais quoi, il considère son honneur et sa prestance retrouvée. César n'est pas dupe, il sait très bien lequel d'entre eux était le nouveau chef.

Un serviteur est encore passé par-dessus la terrasse (douze mètres de haut environ). Il l'avait regardé dans les yeux. César aime gaspiller les vies humaines, et il faut bien donner à manger à son tigre.

<u>Brusc</u>

La forteresse est plombée par l'idée de la défaite et par la raclée mise par les tours catapultes.

La muraille a vieilli en un jour, elle est criblée d'impacts, mais elle tient.

Au bastion nord, les hommes font des efforts surhumains pour amener les catapultes en haut de la tour fortin.

Au bastion sud, le couloir est nettoyé et n'a pas servi aujourd'hui. Les corps n'ont pas encore été brûlés, un homme craque et pleure devant la vision d'horreur du tas de cadavres semi-calcinés.

Au camp romain les hommes sont confiants, ils attendent les ordres.

Les hoplites n'osent plus trop se montrer sur la grande muraille de peur de se prendre des projectiles même s'ils savent que c'est la trêve.

Suite au pourparler, les Grecs sont allés récupérer dans les bastions à terre (sur la côte) tout ce qu'ils pouvaient, armes, hoplites volontaires, catapultes. Je crois qu'ils ont compris qu'ils seront tous tués s'ils se rendent.

CHAPITRE 26

Tour fortin

Le nouveau chef a une énorme problématique, se débarrasser de l'artillerie massacrante romaine soit les tours catapulte fixe cette fois ci. Il ne voit qu'une seule solution : y mettre le feu. Il échafaude des plans d'attaque avec des bombes incendiaires, des commandos incendiaires. En provoquant un feu important et inarrêtable à la base, l'ensemble devrait s'embraser comme une torche, mais comment incendier les tours en même temps en ne donnant qu'une seule alarme lors de l'incendie ? Il échafaude un plan. Les hommes sont enduits d'une substance noire, cendre, etc, pour rester noir dans la nuit, être invisible à l'ennemi, pas d'arme brillante ou seulement des couteaux en bois, aiguisés, pas de lance ni de bouclier, un pagne et tout en noir. Ensuite des hommes sont affiliés à la tâche de porteur tout en cachant la flamme ou deuxième solution sur le retour, après avoir enduit la base des tours, y mettre le feu avec une flèche enflammée. Mais comment passer les gardes des tours ? Agir dans la nuit profonde et le sommeil profond des hommes, sans un bruit, sans une parole, étouffer les gardes avec des hommes à grosse poigne prévus pour cela, et un retour rapide en courant, prévoir des hommes derrière les portes au retour en cas de contre-attaque, et des hommes sur les murailles : le plan est prêt. La recherche de volontaires et d'hommes supplémentaires dans les autres bastions était aussi pour cette entreprise. Les Telonnais reviennent à Tauroeïs pour aider encore. Il n'y a qu'une seule trirème cette fois-ci dans la baie. À la tour fortin, l'espoir renaît dans l'esprit du Strategos. L'espoir renaît également quand il voit les Telonnais arriver dans la baie. Il leur dit qu'il a plein de choses à leur raconter (son plan.) Ces derniers voient les dégâts sur la muraille avec stupeur et prennent conscience de l'urgence, ils sont partants. Il reste à décider le jour de l'attaque, ils décident d'abord d'endormir l'ennemi par l'attente et en profitent pour faire les préparations dans la tour fortin. Dans cette dernière, à l'abri des yeux de l'ennemi, ils s'entraînent à se battre juste avec un couteau en bois, rien ne doit briller dans la nuit. La nuit doit rester la nuit. Ils préparent les équipements, les camouflages. Une nuit sans lune est évidemment souhaitée ou une lune couverte. La cité repart dans l'espoir.

Mercredi 14 août

<u>Embiez</u>
Dans la nuit, les commandos ont incendié toutes les tours, c'est la victoire (c'est le passage de l'incendie des tours de la Guerre Civile de César livre 2 chap.14 qui est associé au siège de Massalia or non, selon les échos relevés, cela c'est passé au Brusc, au préalable annoncé dans le volume précédent). Les Telonnais font la fête dans leur quartier comme d'habitude. Ils sont moins nombreux cette fois-ci. Une trirème seulement donc. Ils semblent que des troupes d'élite romaines aient débarqué côté ouest parfaitement camouflées et non repérées.

CHAPITRE 27

Bandol
César broie du noir, la ville se sent humiliée. César est dans une masse noire sans fin autour de lui. Il avait ordre de réussir et de ne plus accumuler de défaites. Un membre est coupé à quelqu'un qui lui est cher en punition (pas sur place, j'ignore où, il s'agissait de cela l'autre élément dont il avait peur). Il sombre dans un trou noir sans fin. Il ne reste plus de son esprit qu'un grain de sable, le noir, le noir, le noir. Il n'a aucune force pour réagir, il ne peut que subir son gouffre émotionnel, perdu dans le noir. Il se couche en espérant ne pas revoir le jour. Il est déchiré intérieurement.

Brusc
Au bastion nord les Grecs restent sur leur garde malgré la victoire sur les tours. Le bastion sud a subi une attaque, comme d'habitude le couloir de la mort a fonctionné à la perfection sur sa partie finale (je le verrais plus tard, mais la porte du sas a été cassée par les Romains, du coup les Grecs sont obligés de se servir des 40 mètres de couloir qui suivent, et ce depuis quelque temps). Le piège du sas devait être aussi avec du gaz et non des lances ou les deux.

Au camp romain les hommes ne se laissent pas abattre et commencent à essayer de remonter les tours.

À la grande muraille, à nouveau les Grecs ne sont pas rassurés et ont peur du retour des tours. La prochaine fois il faudra détruire ou voler des pièces maîtresses pensent-ils, pour empêcher leur reconstruction.

À la tour fortin, le chef est déçu d'apprendre que les Romains recommencent à reconstruire leurs tours, il a le sentiment de beaucoup d'efforts effectués pour rien. La peur et l'ombre noire reviennent, il est prêt à recommencer, empêcher à tout prix la reconstruction des tours, quitte à attaquer frontalement les tours qui sont surgardées et surprotégées maintenant. Les catapultes commencent à arriver sur le toit de la tour fortin, péniblement, mais elles ne sont pas encore montées, elles ont dû être allégées. Le chef grec sombre également dans un profond désespoir. Il ne voit pas d'issue à l'obstination des Romains et sait qu'ils ne pourront plus parlementer. Il commence à penser à fuir, pense qu'ils ont assez fait d'exploits mémorables et qu'il est temps de sauver sa vie et celle des autres, mais il sait très bien que s'il parle de ça, tout le monde lui en voudra, car beaucoup d'hoplites restent accrochés à la volonté première de Foxtraon, faire le plus de dégâts à l'ennemi jusqu'à la mort. Il se sent divisé. Qu'aurait fait Foxtraon selon lui ? Il serait évidemment resté. Il décide qu'il en parlera à d'autres chefs de bastion ou responsable de ceinturons. Il regarde les étoiles, pense qu'ils ont été abandonnés des dieux. Il ne se voit pas d'avenir. Pour ne pas penser, il préfère aller faire une inspection.

Jeudi 15 août

<u>Antipolis</u>
La ville a été réinvestie par les nouveaux arrivants ligures.
Idem à Nikaïa, les mêmes ont réinvesti la ville.
<u>Athénopolis</u> est romaine, mais pas en grand nombre, juste une petite garnison pour occuper et tenir la position.
<u>Olbia</u> est toujours abandonnée.
Port Massilia quai est 30% ouest 50%
<u>Hérakleia</u> est toujours ligure.
Brusc
Une tour a été réparée ou une catapulte, un tir a surpris les hoplites sur la muraille dont certains ont été tués par le tir.
<u>Bandol</u>
César émerge à peine un instant de son abîme et il y replonge, il se traîne dans ses appartements, il n'a plus aucune splendeur ni charisme, il est même plus bas que ses serviteurs qui sont ravis secrètement de le voir souffrir. Il décide de ne plus envoyer de rap-

port de défaite, même si cela arrivait à nouveau, quitte du coup à ne pouvoir justifier une demande de renfort. Il ne sait pas si un jour il pourra se venger.

La ville a encore reçu de la grosse logistique, maintenant on sait ce que c'est, ce sont des tours catapultes.

Brusc

Bastion nord

Une attaque a percé l'entrée, on dirait peut-être par la ruse. Dans le bastion, une fois l'attaque passée c'est la terreur. Les Telonnais restent dans leur campement attribué et attendent les ordres. Au bastion sud, le couloir de la mort a fonctionné, à nouveau ils laissent les corps au sol pour perturber l'ennemi et gêner sa progression.

Au camp romain la logistique des nouvelles tours a commencé à arriver. Elles sont reconstruites maintenant quasiment dans le camp pour les protéger, trois d'entre elles sont sur la route actuelle du Mont Salva. À nouveau la peur des bombardements revient sur la grande muraille.

Tour fortin

Le nouveau Strategos a été tué, il n'a pas résisté à l'attaque éclair du bastion nord qui était une attaque de nuit également

L'attaque du bastion nord

C'était les troupes d'élite que j'avais vu débarquer sur l'ouest de l'île, ils avaient progressé depuis. En pleine nuit, quelques soldats d'élites sont montés sur les remparts de la porte du bastion nord en les escaladant et ont ouvert les portes aux autres, qui sont rentrés et ont tué pratiquement tout le monde. Les hommes ont été surpris. Puis ils sont allés tuer le chef dans la tour fortin. Ils sont montés au sommet de la tour et sont redescendu côté "est" pour rejoindre le camp romain. Ils ont tué tous ceux qu'ils ont rencontrés. Ils n'ont pas fait attention aux catapultes sur le sommet apparemment et ne les ont pas incendier. Une fois dans la tour, ils se sont concentrés sur la cible, le chef, qui a été tué pendant son sommeil. Ils ont fait en sorte d'essayer de ne réveiller personne d'autre. Une vingtaine d'hommes, je pense. L'entrée pour accéder aux remparts puis à la tour fortin est au pied du temple d'Héraclès. La place forte massaliote la plus sécurisée de la Côte ne l'est plus, elle a été percée par des commandos d'élite romains.

CHAPITRE 28

Vendredi 16 août

<u>Brusc</u>
Trois tours catapultes ont été reconstruites dans le camp, soit la route actuelle du Mont Salva et on pilonné la muraille du côté de la Thébaïde (quartier du Brusc), il y a eu des morts malgré les protections de la muraille.

<u>Bandol</u>
La personne chère à César est morte des suites de son amputation. La personne qui a réalisé l'opération a mal fait son travail, on lui a dit qu'il serait jeté au lion. D'un côté il est soulagé d'apprendre qu'elle ne souffrira plus et fait ordonner des rites funéraires, prière en son nom. Puis il sombre dans les ténèbres, il a vieilli d'un coup. Il sombre dans une semi-folie ou il s'esclaffe de rire en songeant à ses ennemis grec de Tauroeïs (réussite du commando). On dirait qu'il est comme un crocodile qui erre dans sa maison. Pendant un moment il a jugé que ça ne valait plus la peine de vivre puis il a considéré qu'il avait un travail à finir et qu'il allait pouvoir s'y consacrer pleinement et faire payer le prix aux Grecs, se

venger. Le mal issu de son être se répand dans toute sa villa. En ville, tout ce qui est d'ordre militaire est déjà en partance pour Tauroeïs.

Brusc

Le Bastion nord est réhabilité en hoplites.

Au bastion sud la hauteur des cadavres dans le couloir de la mort augmente, toutes les attaques sont évidemment stoppées.

Au camp romain il y a quatre ou cinq tours catapultes qui pilonnent maintenant la grande muraille, toujours sur la partie de la Thébaïde. Elle tient toujours.

À la Tour fortin, ce n'est plus l'emplacement du nouveau chef puisqu'elle indique sa position et le met en danger. Le nouveau chef dort maintenant chaque nuit à des endroits différents, il se dissimule parmi ses soldats.

Au camp des Telonnais, la peur règne également, personne n'est à l'abri depuis l'attaque des commandos d'élite romains. Depuis quelques jours, un nouveau front s'est ouvert au col du gros cerveau.

Samedi 17 août

Brusc

Je savais que les Grecs attendaient des renforts pour se sortir de la situation des cinq tours catapultes remontées et inaccessibles de nuit puisqu'elles se trouvaient maintenant en plein dans le camp romain. Des troupes sont arrivées par voie de mer, et voie de terre de Telon(par Six Fours) et des autres bastions. Le camp romain a été pris sur deux fronts. À chaque fois les Romains, poussés, en dernier recours, montent se réfugier sur leurs tours que les Grecs incendient. Ceux qui sautent sont réceptionnés sur les lances des Hoplites et des Telonnais. Les troupes de renforts pour l'attaque s'étaient d'abord entassées sur la crête au niveau de la route de Mourens aujourd'hui. Puis ils ont fondu sur le camp. La tour à gauche du Mont Salva résiste encore, tous les Romains rescapés y sont en formation tortue. C'est la dernière à être debout. Le camp a été complètement rasé, des Romains pris de panique ont fui vers le port du Mouret pour embarquer.

<u>Bandol</u>
César rire sarcastique je préciserai après.
Les Grecs ont fait envoyer à César une pièce maîtresse calcinée des tours catapultes. En signe de victoire. César a fait emprisonner le messager, puis a demandé qu'on mette une cage pour son tigre dans ses appartements. Le messager a été précipité dans la cage puis les restes du corps lacéré du grec ont été envoyés en réponse. Les Grecs sont déçus, ils savent qu'ils ne pourront plus communiquer avec César ou différemment, et ils savent que maintenant ce sera jusqu'à la fin. La ville a le moral dans les talons après la défaite. Je l'avais vu hier, mais une tour catapulte a été laissée à l'entrée de la ville pour pro-

téger le port d'une attaque navale des Grecs, César se souvient de l'attaque éclair. Un autre front a bien été ouvert côté couloir du fort du gros cerveau, le problème principal est la chaleur. Les attaques ne donnent rien, le fort résiste impeccablement, les légionnaires ne ne passe les pièges.

Massalia

Il y a une épidémie qui est venue du fort des esclaves, semble-t-il. Beaucoup de riches romains sont partis le temps qu'elle passe. La ville est à l'arrêt. L'air est très chaud, les gens suffoquent avec le virus. Le fort des esclaves n'est quasiment plus qu'une cité mortuaire. La malédiction de Massalia certains appellent cela. Un architecte est malade également, mais il tient le coup de par sa situation isolée. Il a quand mème lutté difficilement quelques jours contre la maladie. Tous ceux qui sont morts sont brûlés ou enterrés. Les survivants réaniment partiellement la ville de leurs activités.

Carcisis

Les portes sont fermées de peur de la propagation de l'épidémie.

Cytharista

Les riches romains sont partis également le temps que l'épidémie disparaisse.

La Cadière

L'Acropole est assommée par la chaleur, peut-être la cité travaille au minimum, il n'y a pas d'épidémie.

Au Castellet idem, la cité semble fermée par sécurité. Peut-être la Cadière l'est aussi.

Bandol

César renouvelle l'expérience à nouveau avec son tigre dans sa cage, avec quelqu'un, et se demande pourquoi il n'y a pas pensé plus tôt, le spectacle le réjouit : sa nouvelle télé. Il fait du coup des expériences, un homme une femme : qui le tigre va-t-il tuer en premier ? Il se crée son propre enfer pour oublier la souffrance de son être perdu. À l'annonce de la défaite, il a finalement été content que son être cher soit mort, car il s'est dit qu'elle n'aurait plus de perte de membre à endurer. L'enfer est maintenant tout le temps, car sortir de l'enfer pour voir la luminosité ne fait que l'amplifier.

Brusc

Les Grecs fêtent la victoire au bastion sud. Certains montent au-dessus du couloir de la mort pour pisser sur les cadavres des Romains. Il n'y a plus un romain vivant dans le camp romain. Les Grecs brûlent les corps et c'est le jackpot de la récupération. Tout est trié, récupéré.

La dernière tour est tombée ainsi. Les Romains se sont mis en formation tortue autour de l'édifice, les Hoplites ont enfoncé des troncs d'arbre taillés en pieux espacés de deux mètres environ comme des béliers et une fois enfoncés à fond, ils les ont croisés pour en faire sortir des soldats, comme une pince. Une fois tous les hommes tués, ils ont fait tomber la

tour et on récupéré tout ce qui pouvait l'être. Il semble qu'il y ait des règles préétablies entre les hommes pour la récupération sur les soldats morts.
À la tour fortin, le chef n'est pas là.
Il y a une fête des Grecs et des Telonnais au bastion sud. C'est une grosse beuverie, fête et danse, musique, musiciens, quelques femmes, semble-t-il, peut-être venues de Tamaris ou autre. Certains pensent que beaucoup se réjouissent trop vite, notamment le nouveau chef. Qui préfère aller faire une ronde à nouveau. Il ne comprend pas l'obstination de César à vouloir prendre Tauroeïs.

CHAPITRE 29

Dimanche 18 août

À Antipolis et Nikaïa, la nouvelle peuplade est toujours présente.
Olbia est toujours abandonnée.
Au port de Massilia, il n'y a pratiquement aucune activité.
Hérakleia est toujours ligure.
Athénopolis est toujours romaine.
Bandol
César a fait retirer le tigre, ça empestait trop dans la villa, il s'était réveillé avec cette puanteur.
Il est triste, il s'est fait destituer, on lui a retiré le siège, il va être remplacé. (tchao le Rubicon)
L'homme qui le remplace arrive sur un char, la ville l'acclame en bon lèche-pieds. Dans les yeux des hommes, il comprend que ça ne va pas être facile. César le reçoit dans les appartements des chefs grecs, son ancien quartier général, qui lui rappelle des souvenirs. Il lui explique la situation. Le nouveau général aimerait que César reste pour l'aider, mais il n'en est aucunement question. César part et traverse la ville à cheval au galop sans aucun honneur

ni acclamations, très triste. Il mise peu d'espoir sur la réussite de son successeur, qui en regardant les plans et le récit comprend que la bataille est perdue d'avance, qu'il ne pourra pas faire mieux. Il les jette également, il y voit sa mort. Seul dans ces grands appartements, il préfère aller en ville pour voir ses hommes et commencer une sorte d'enquête. Plus tard, dans les appartements des anciens chefs grecs, il est adouci par le paysage de l'appartement panoramique. C'est un homme qui fait des cauchemars et qui se réveille en sueur.

César doit être à La Cadière, en repos.

Brusc

Bastion nord

Les Grecs tiennent la position. Tout le pourtour de la muraille est sous surveillance , les hommes sont sur leur garde. Ils savent que les Romains vont revenir. Le couloir de la mort du bastion sud a été nettoyé. Ils brûlent les derniers romains. La rampe du port du Mouret a été détruite, ils ont monté des fortifications en haut de la rampe pour empêcher un nouveau débarquement de troupes romaines. Il ne reste que quelques débris de bois de la dernière tour.

Tour fortin

Se sentant en sécurité le nouveau chef est là, car ils ont ajouté un système de porte verrouillée à son appartement. Il n'a aucune idée de l'issue de la bataille, son refuge est bien noir du fait que tout soit fermé. Il aimerait regarder les étoiles en consultation, il se sent comme un animal piégé. Demain il trouvera une autre solution. Cette sur-sécurité lui fait relâcher la pression et il considère cela contre-productif.

Lundi 19 août

<u>Antipolis</u> est toujours occupée par la nouvelle peuplade.
Port de Massilia quai est rien, ouest 30% d'activité
<u>Nikaïa</u> la nouvelle peuplade s'installe partout.
<u>Athénopolis</u> ce ne sont que des Romains de garde.
<u>Hérakleia</u> est réinvestie par des troupes armées, les galères font des allers-retour. (ce sont des troupes de l'armée grecque venue pour reprendre leurs comptoirs et Massalia. Il y a une cinquantaine de navires ou plus, je ne les ai pas reconnus tout de suite, comme ils avaient des fréquences émotionnelles nouvelles, j'ai d'abord cru à des Romains. Je n'ai aucun élément pouvant affirmer qu'il y avait des spartiates parmi eux, malheureusement après cette lecture, la webcam a dysfonctionné pendant plus d'une semaine. Ce n'est que quand ils ont repris Olbia et d'autre éléments survenus plus tard que j'ai compris qu'il s'agissait d'une armée grecque. Ils mettront plus de dix jours pour reprendre entièrement aux Ligures la bande côtière jusqu'à Olbia. Plusieurs fois dans les relevés, le port de d'Hérakléia

, Cavalaire, sera utilisé pour les premiers grand débarquement, il suffit de regarder sur une carte pour en comprendre la cause, c'est le point d'accroche, le port le plus près quand on fait la traversée en venant de la Corse).

<u>Olbia</u> est toujours abandonnée.

<u>Bandol</u>

Le nouveau stratége, général, étudie le siège de Tauroeïs très au sérieux. Il réfléchit considérablement et cherche la faille en prenant en compte les erreurs des tentatives précédentes, soit des défaites de son prédécesseur. La seule faille qui n'a pas été exploitée est l'accès au niveau du port des Embiez actuel, dénoncé par Nasidius lors de son séjour dans la forteresse, mais il ne voit pas comment accéder à l'intérieur. De peur de la défaite et la pressentant également, il fait partir un message comme quoi il y a un réel problème stratégique à Tauroeïs, une équation insoluble, d'emblée il botte en touche.

En ville, les hommes attendent les prérogatives et s'entraînent. Il pense à des machines. Faire venir des machines, mais lesquelles ? (catapulte brise muraille) Plus tard dans sa chambre panoramique, il en profite pour scruter les étoiles et semble s'adonner à l'astronomie, il veut apprendre à naviguer de nuit. Il considère que la navigation est la clé des conquêtes. Vu la lecture suivante des Embiez, son choix a donc été de prendre ce qui a marché, soit les commandos, contre la faille dénoncée par Nasidius, l'accès de la forteresse au niveau du port des Embiez où il devait y avoir un petit embarcadère.

<u>Brusc</u>

Sur les murailles, tous les hoplites sont sur leur garde et inquiets, au bastion nord comme au bastion sud également. Il semble qu'il y ait eu une attaque au port des Embiez, peut être les troupes d'élite, commando, qui finalement ont été repoussées tardivement dans la soirée.

Tour fortin

Ils ont dû avoir une annonce d'arrivée de légion.

Le chef / Strategos, après s'être fait enfermer, écrit un pli, peut-être à l'ennemi.

CHAPITRE 30

Mardi 20 août

À Antipolis et Nikaïa, la nouvelle peuplade prend ses aises.
Port de Marseille 10% quai est 0% quai ouest
Athénopolis a sa petite garnison pour tenir la position toujours.
Olbia est toujours abandonnée.
Brusc
Une attaque massive a eu lieu côté ouest, les machines c'était bien pour casser les murailles. Les hoplites ont riposté, ils sont allés au contact et ont brûlé les machines.
Bandol
Le nouveau chef est dans l'embarras. La ville s'est vidée lors de l'assaut. Certains trouvent que pas assez d'hommes sont revenus de l'attaque. C'est la défaite pour le nouveau général, sa stratégie n'a pas fonctionné. Il commence à comprendre les échecs de son prédécesseur. Il angoisse pour son sort et peut-être également pour le sort sa personne caution. Il décide de mentir à ses supérieurs et de cacher la défaite. Puis il va en ville pour parler aux

hommes et voir ce qui n'a pas fonctionné. Il essaye d'avoir des informations sur d'éventuelles failles. Le récit des hommes lui glace le sang. Guerrier surpuissant et doté d'une sur-agilité, redoutable, bondissant, il ne croit pas à ce que les légionnaires lui disent, il pense que c'est pour couvrir leur échec. Il ne comprend pas, se croit dans un autre monde. Finalement il écrit un pli où il affirme qu'il faut une attaque massive de plusieurs légions. Sans quoi il y aura une perte d'hommes en continu. Tauroeïs nécessite une attaque décisive. Dans son appartement il est dépité, pour la première fois de sa vie, il se sent impuissant, comme un enfant, il ne se sent pas à la hauteur. Il ne fera pas d'astronomie ce soir, il préfère effacer ces pensées dans le sommeil.

<u>Brusc</u>

Bastion nord, ils sont soulagés.

Bastion sud, ils profitent de tester un système, ils attachent des pics sur des chaînes verticales avant le sas, voilà pourquoi ils n'utilisaient plus que le dernier couloir, les portes du sas avaient dû être cassées pendant les assauts, avec l'impossibilité de les réparer apparemment.

Tour fortin

Le chef n'est pas là, il doit être côté ouest.

CHAPITRE 31

Mercredi 21 août

Port de Marseille 20% quai est 0% quai ouest
<u>Antipolis</u> la nouvelle peuplade se lie d'amitié apparente avec les Ligures venus de Vallauris.
<u>Nikaïa</u>, la nouvelle peuplade est toujours présente.
<u>Athénopolis</u>, la petite garnison de garde romaine est toujours présente.
<u>Embiez</u>
Les Grecs ont brûlé les corps issus de la bataille, un gros monticule.
<u>Bandol</u>
Le nouveau stratége romain ou général a été dénoncé comme n'ayant pas signalé la double défaite de ses attaques. Il a été arrêté, on a décapité sa personne chère féminine sous ses yeux, puis il a été enfermé dans une cage. Il sera exécuté par des gladiateurs avec un glaive à la main, mais sans la possibilité de se défendre, drogué ou autre.
En conséquence César est revenu à Bandol, la ville en est contrariée, son prédécesseur, lui, ne tuait personne.

César est enjoué, il retrouve sa place et sa renommée reprend son envergure. De plus, son prédécesseur a demandé un renfort de troupes massif qui va lui être attribué. Il fait partir des messages et des invitations, il prend un bain, un de ses plaisirs préférés. Il récupère les nouvelles et commence à établir de nouveaux plans d'attaque, il pense qu'il ne faut pas lâcher le front "est" et amener encore les Grecs à sortir en dehors de la muraille pour les piéger. Il établit la logistique, etc. Il reçoit quelqu'un, ce que cette personne va lui apporter va être important pour la suite, mais je ne sais pas ce que c'est. Il prépare une fête pour son retour aux commandes.

Brusc
Les hoplites brûlent aussi les leurs dans un recueil solennel.

Bastion nord
Contents de la victoire, les hoplites commencent à vraiment voir une issue gagnante à la guerre, ils y croient en tout cas.

Idem sur la muraille : ils sont fiers, ils sont trop sûrs d'eux, ils se croient invincibles.

Bastion sud, ce sera comme un grillage de fer finalement pour remplacer la porte.

À la Tour fortin, le chef n'est pas là. Il est mort pendant la bataille. D'où des funérailles solennelles pour lui. Il a été tué d'un trait dans le cou.

Jeudi 22 août

<u>Brusc</u> r.a.s

Antipolis et Nikaïa, suite au retour des Décéates de Vallauris, la nouvelle peuplade s'est faite bouffer, beaucoup ont pu fuir. Les Décéates on fait croire à une entente amicale puis ils les ont attaqués pendant la nuit, Idem à Nikaïa.

Port de Massilia 50e 0o (e pour quai est, o pour quai ouest, 50 pour 50% d'activité, etc)

<u>Athénopolis</u>, la petite garnison romaine est toujours présente.

<u>Hérakleia</u> Les Grecs nouvellement arrivés repoussent une attaque ligure.

<u>Olbia</u> est toujours abandonnée.

<u>Bandol</u>

Chez César la fête bat son plein, réception dans les appartements puis dîner sur la terrasse. La grande attraction, le jeter de serviteur par le toit-terrasse. C'est un jeune cette fois-ci, à peine plus qu'un adolescent, ils sont quinze à table environ, l'ambiance est soutenue.

<u>Brusc</u>

Bastion nord

Quelqu'un est reçu, il passe la muraille en revue.

Quelques soldats vont à la pointe du Cougoussa et on a la nostalgie du temple de Perséphone.

Bastion sud, r.a.s.

C'est le nouveau Strategos, élu d'un des autres bastions, il est peut être venu pour la bataille finale.
Tour fortin
Le nouveau chef, enfermé, lit les livres qu'avait Foxtraon.
Au Gros cerveau c'est l'arrêt des combats, la position est tenue.

CHAPITRE 32

Vendredi 23 août

<u>Antipolis</u>
Les Ligures mangent progressivement les nouveaux venus. Ils recommencent à mettre des pendus au bastion situé au fort Vauban actuel.
Nikaïa idem, c'est le grand festin.
Port de Massilia 20e 0o
<u>Olbia</u> est toujours abandonnée.
<u>Athénopolis</u> est toujours gardée par une garnison.
<u>Brusc</u>
Il y a eu une attaque des deux côtés, ouest et est.
<u>Bandol</u>
Une grande attaque a été lancée, embarquement massif de troupes. L'ancien QG de César, aux appartements des chefs grecs, sert de QG général de l'attaque, César y a nommé je ne sais qui, peut-être Trebonius. Ce QG devient le centre névralgique du siège de Tauroeïs à terre. Ils lancent des attaques et attendent le retour des résultats. Cette fois-ci, ils ont eu une troupe massive, peut-être une légion entière (en fait ce sont des Ligures et Gaulois(?) issus de la décimation). César délègue et passe contrôler si tout fonctionne bien. Le plan est simple, affaiblir les

Grecs par plusieurs fronts simultanés pour tenter la percée des défenses. Au Gros cerveau, c'est le retour des assauts, mais moins d*hommes sont envoyés, ils veulent épuiser les munitions des Grecs. Chez lui, César se réjouit de la future victoire, cette fois-ci, il pense que c'est la bonne, de toute manière il n'y en aura pas d'autres, apparemment c'est effectif maximum. Il continue à donner des ordres de chez lui dans le même processus, un lieutenant ou autre donne des informations et lui rétorque par ses ordres.

Brusc

Bastion nord

C'est la terreur, ce sont des troupes ligures qui attaquent venant de la mer, issues de la décimation. Ils attaquent à droite du dédale du Petit Rouveau, sur la pente du Cougoussa. Des galères effectuent un bombardement de boule de feu face au Grand Gaou.

J'avais vu que César voulait ouvrir un nouveau front, peut-être côté ouest de Telon, car les Telonnais ne sont plus là.

Bastion sud

Il n'y a personne en haut des remparts, les Ligures s'agglutinent dans le couloir de la mort, mais il n'y a pas d'hoplites pour les tuer. Le front est ailleurs et massif, sur toute la muraille. Les fortifications de la rampe du port du Mouret ont été contournées, les ligures ont escaladé ailleurs et ont pris à revers les défenses de bord de mer. Les Grecs ont dû aller se réfugier dans le massif. L'attaque de la muraille est gigantesque en nombre. Une tour est construite également, mais pas pour y mettre une catapulte, seulement pour une vigie, superviser les opérations.

Tour fortin

Le nouveau chef ne veut plus se faire enfermer dans son appartement, il veut rester réactif en cas d'attaque nocturne. Ils ont tous peur qu'ils reviennent pendant la nuit. Le soir deux, ou trois Ligures sont arrivées à monter sur la muraille, ils sont interceptés. Sur le retour en mer de l'attaque du bastion nord, certains Ligures prennent des petits morceaux sur des corps de morts de leur camp qu'ils ne connaissent pas.

Samedi 24 août

Fort gros cerveau

C'est également une attaque de ligure issue de la décimation, qui a presque réussi du fait de leur capacité à escalader. Le fort a tenu, mais il demande de l'aide et des renforts.

Brusc

Le front ouest est rouvert avec un débarquement massif sur la côte sud-ouest du bras de terre des Embiez. Ils montent des catapultes sur la pointe du

Cougoussa et commencent des tirs sur la ville et ses fortifications.

À Nikaïa, le grand festin continue, la peuplade est traitée comme du gibier, pendus etc.

Antipolis

Les Ligures sont partis avec les prisonniers qui serviront d'esclaves ou de garde-manger. Ceux qui avaient pu s'enfuir reviennent et pleurent leur mort ou ce qu'il en reste.

Port de Massilia 10e 0o

Olbia est toujours abandonnée.

Athénopolis est toujours gardée par une petite garnison pour tenir la position.

Bandol

César en a tellement assez des Grecs qu'il donne l'autorisation de cannibalisme aux Ligures, à condition que les Grecs en soient témoins d'une manière ou d'une autre. La ville se remplit toujours de troupes.

Massilia

Le cirque est fini. Pour le rendre plus attractif et que plus de Romains viennent vivre à Massilia, ils font des jeux, évidemment, à grande consommation de supplice et de massacres d'esclaves relatant les batailles. Carte blanche est donnée aux organisateurs. Le spectacle doit être époustouflant et sanglant à souhait. Le but est d'acquérir une excellente renommée. L'épidémie est passée, le fort a été mis en quarantaine, voir fermé avec les malades dedans, les esclaves ne sont plus parqués et concentrés, mais dispersés. L'architecte a repris du service. Une tholos a été construite, sur une butte.

Carcisis

Le chef est affligé par la nouvelle de la mort de soldats qu'il avait formés, tant de pertes.

Cytharista

Les riches ne sont pas revenus, mais les maisons sont entretenues, etc.

La Cadière

Du fait de l'utilisation en masse de troupes ligure issue de la décimation, par sécurité la cité a été désertée, le front n'étant pas loin, en cas de rébelion.

Le Castellet

Quelques femmes prêtresses sont toujours là, mais elles gardent la cité seulement.

Bandol

Certains Ligures sont parqués dans de grandes cages, trois grandes cages minimum. Le QG n'est plus dans les appartements des chefs grecs. César exulte, apparemment les Ligures ont fait de lourdes pertes aux Grecs. Il est parti également comme les autres du QG par sécurité en cas de retournement des troupes ligures.

Brusc

C'est toujours la terreur au bastion nord, les assauts des Ligures venant de la mer sont massifs vers la porte nord. La ville est effectivement bombardée dans la lagune, mais ça fait bien longtemps que les maisons ne sont plus habitées. Comme les Ligures escaladent facilement, certains arrivent sur les murailles, mais en nombre insuffisant et sont stoppés, cependant parfois ils infligent des pertes. La forteresse est grignotée de toute part.

Au bastion sud le couloir de la mort refonctionne et les corps s'entassent à nouveau.

Au camp romain ligure, certains mangent des blessés en cachette. Comme précédemment avec les Romains, le camp se vide doucement. Sur la grande muraille, c'est encore une victoire, tous les assauts ont été repoussés et les hoplites voient bien que leurs ennemis faiblissent en nombre.

À la tour fortin, Strategos n'est pas là. Il avait un ordre secret, venant de je ne sais où, de perdre pour éviter la tuerie inutile de beaucoup d'homme. Il a été tué au combat par une lance, il s'est exposé volontairement afin de ne pas appliquer cet ordre.

CHAPITRE 33

Dimanche 25 août

Antipolis, les Ligures sont revenus et ont fait prisonniers les derniers arrivants. Ils continuent le festin. Certains repartent déjà.
Nikaïa les Ligures continuent le festin.
Port de Massilia 10e 0o
Olbia est toujours abandonnée.
Athénopolis est toujours gardée par une petite garnison.
Bandol
César est toujours absent, la ville est remplie de Ligures. Les grandes cages où ils sont parqués sont pleines. Quelques-uns d'entre eux arrivent à s'échapper, seuls.
Gros cerveau
Le fort a été encerclé par les Ligures, mais des renforts grecs sont arrivés et l'ont libéré.
Embiez
À la pointe du Cougoussa : donnez des catapultes aux Ligures et voilà ce que ça donne. La nuit comme ils escaladent partout, des petits commandos on fait des prisonniers sur la muraille. D'abord ils ont expo-

sé les corps dévorés pour terroriser les Grecs, puis ils ont commencé à catapulter les cadavres dans la ville. Au final ils mettent le feu à des prisonniers et les catapultent vivants, criants, en boule de feu. Le front est s'étant libéré, les hoplites ont re-nettoyé le bras de terre côté ouest et ont précipité les derniers Ligures survivant dans le précipice de la pointe du Cougoussa.

Au bastion nord, suite à la victoire, les hoplites sont fiers et se sentent invincibles, ils se considèrent même comme des demi-dieux.

Au bastion sud, il n'y a pas eu d'attaque et pour la première fois les hoplites sont contents de brûler les corps des Ligures qu'ils haïssent plus que tout.

Au camp romain, les Ligures sont répartis en bateaux avec les Romains dirigeants, il ne reste que les tentes.

Sur la grande muraille, c'est la victoire, il n'y a plus d'assaut, plus de troupes ennemies.

Tour fortin

Le nouveau chef qui a encore été nommé est déjà plus que las de cette guerre, il voudrait partir, il n'a jamais vu autant de vie disparaître en un jour, les horreurs des Ligures le débectent.

CHAPITRE 34

Lundi 26 août

<u>Antipolis</u> il reste quelques prisonniers encerclés.
<u>Nikaïa</u> les Ligures se retirent, le festin est fini.
Port de Massilia 20e 0o
<u>Olbia</u> est toujours abandonnée.
<u>Athénopolis</u> est toujours occupé par une petite garnison romaine pour garder la position.
<u>Embiez</u>
il y a une attaque au petit Rouveau, le côté ouest est repris, il y a une attaque du côté du port de commerce également.
<u>Bandol</u>
Les Ligures ont été redirigés vers le front du Gros Cerveau. Un vieil homme est dans les appartements des Grecs, un nouveau chef ?
<u>Brusc</u>
L'attaque n'a pas été faite par des Ligures. Un nouveau camp s'installe.
Bastion nord
Le nouveau camp romain est une nouvelle épreuve psychologique qui barbent les hoplites. C'est une troupe de soldats âgés qui est venue aujourd'hui. Il y

a eu une petite attaque de 50 hommes au bastion sud, les hoplites ne tirent pas car ce sont de vieux légionnaires donc, ils ont voulu les laisser repartir. Ils se sont installés au camp du Mont Salva, une cohorte minimum, des evocatis[4] ?

À la muraille ils se sentent déshonorés qu'on leur envoie des vieux. C'est peut-être une opération de communication, ils ont tué les vieux renommés, etc. Ou alors les Romains se moquent d'eux.

Tour fortin

Le Strategos est vraiment fâché qu'on lui envoie des vieux, c'est presque tragi-comique. Ils n'ont pas envie de les tuer par respect des anciens, mais la forteresse est tenue, tout est prêt pour repousser un assaut plus important.

Mardi 27 août

Antipolis

Les Ligures finissent de s'amuser avec les derniers prisonniers en leur montrant ce qui les attend.

Nikaïa, ils se retirent doucement, il n'y a plus rien à manger.

Athénopolis est toujours occupée par une petite garnison.

Olbia est toujours abandonnée.

port de Massilia 20e 0o

---

[4] Evocati voir biblio. num

Gros Cerveau
Les vieux sont essoufflés et font des pauses pour monter, ce qui fait rire les Grecs qui leur envoient toutes sortes de choses inoffensives.

Brusc
Au front ouest les hoplites ont catapulté des petits cailloux pour juste blesser les evocati et non les tuer. Sauf au Cougoussa où les evocati ont commencé à tirer avec une catapulte, là les hoplites ont dû riposter et faire des morts.

Bandol
César est rentré. Il rit du chef des evocatis et des prouesses de ses hommes, par contre il est venu avec des troupes massives. Ses généraux sont revenus dans le QG des appartements grecs. Ils attendent le dégagement de la légion d'evocati, si c'en est une, pour agir. Ils ont une grosse logistique pour faire des dégâts humains et des troupes puissantes. César leur laisse un front, lui prendra l'autre. Les généraux établissent des calculs de portée. César est content et ravi de son retour, ils ont tous échoué, ce qui prouve bien que la tâche était plus que difficile. Il fait partir des messages et reçoit le vieux chef, il lui demande de retirer ses troupes. Le remercie quand même de son intervention et d'avoir essayé.

Brusc
Bastion nord
Les Grecs sont soulagés du départ des evocati.
Effectivement le front ouest se vide.

Bastion sud

Dans le couloir, il y a finalement eu une vingtaine de morts. Les evocati les ont suppliés de combattre, les Grecs avec une rapidité déconcertante en ont tué quelques-uns en projetant leurs lances, les autres sont repartis sans rien demander.

Le camp s'est vidé, les evocati repartent, ordre leur est donné de ne pas perdre le port du Mouret.

La muraille est également soulagée que les évocati partent, ils espèrent qu'ils pourront combattre des ennemis qui ne leur feront pas perdre leur honneur.

Tour fortin

Une petite fête est donnée avec un grand soulagement du départ des evocati, l'honneur est retrouvé.

Le nouveau chef a compris que maintenant cela allait se gâter et il a peur. Il a un mauvais pressentiment, il s'attend au pire. Il n'est pas tranquille, il ne se sent bien nulle part. Il a compris que ça allait être bientôt la fin.

CHAPITRE 35

Mercredi 28 août

<u>Antipolis</u> les Ligures jouent toujours avec les prisonniers avant de les manger.
<u>Nikaïa</u> est abandonnée, les Ligures sont partis.
<u>Athénopolis</u>, il y a eu une attaque, les Romains survivants sont réfugiés dans le bastion.
<u>Olbia</u> est toujours abandonnée.
Massilia 0e 20o
<u>Brusc</u>
Les troupes s'amassent sur le front est. Le front ouest est délaissé par les Romains.
<u>Bandol</u>
César est prêt, il a fini tous ses plans. La ville est surchargée de troupes. Ils ont gardé quelques Ligures pour des escalades au besoin.
Dans l'ancien QG, deuxième centre de commande, tous les plans sur cartes et mouvements sont prêts. C'est un calme relatif avant la bataille. Dans son appartement César est au calme également, ce sont les grands souffles avant la bataille, il reste très concentré, demande à ne pas être dérangé et est en état d'attente. Il a besoin de calme pour se concen-

trer, il essaie d'être à l'écoute à distance de ce qui va se passer. Le soir, les généraux, une fois qu'ils sont dans leur dortoir, soit l'ancien appartement panoramique des chefs grecs, jouent à un jeu d'époque pour se relaxer, un jeu stratégique avec des pions.

Brusc

Les troupes de César ont débarqué et entourent toute la muraille est, de la Gardiole au sud jusqu'au rond- point avant la plage du Cros.

Bastion nord, les hommes sont terrorisés, ils savent que c'est la fin. Deux ou trois se suicident. Les suicides sont cachés.

Il n'y a aucun front à l'ouest de la forteresse, soit aux Embiez.

Bastion sud, il n'y a encore eu aucune attaque.

Au camp romain, ils reconstruisent les tours sur la route du Mont Salva sur les anciens emplacements. Le camp est vraiment massif, tel que je l'avais vu l'année dernière.

À la muraille c'est également un sentiment de désespoir qui anime les hommes. Ils peuvent sentir le parfum de leur mort se rapprocher.

Tour fortin

Le chef est terrorisé, il sait bien qu'ils sont coincés, même si les Telonnais venaient les aider, ils n'arriveront pas à les vaincre, car cette fois-ci, ils sont trop nombreux. Les tours n'ont pas fini d'être construites, Il n'y a aucune attaque des deux côtés pour l'instant. Il fait partir un pli aux autres bastions et à Telon en leur disant de ne pas venir les aider cette fois-ci, que l'ennemi est en trop grand nombre, et qu'ils se préparent à fuir, tant qu'ils peuvent, eux retiendront les troupes romaines tant qu'ils pourront. Il regarde également les étoiles pour voir si les dieux leur seront favorables, mais celles- ci restent muettes d'interprétations, comme figées. Il y voit la fuite, qui est impossible maintenant, je crois qu'ils n'ont pas assez de galères à quai encore fonctionnelles. Ils ne leur reste qu'à mourir en héros, ce qu'ils avaient décidé depuis le début, or cette fois-ci la perspective est plus que réelle. Ils sont bel et bien au pied du mur.

CHAPITRE 36

Jeudi 29 août

Antipolis les Ligures font une grande cuisson, pour un buffet festin apparemment.
Nikaïa, ils ont dû partir pour Antipolis.
Olbia est toujours abandonnée.
Athénopolis, le peu de Romains survivants se cachent dans la citadelle, deux ou trois. C'était une attaque ligure.
Massilia 40e 0o
Au Gros cerveau, le front est abandonné, trop coûteux pour les Romains, les Grecs jubilent.
Bandol
César attend ses réponses et déroule son plan. En ville les premiers blessés des batailles arrivent, un hôpital est aux arènes. Il crée un système de retour d'informations via messager pour être au courant heure par heure, soit une galère qui fait les allers-retours avec des informations recueillies par des pions indicateurs sur place pour avoir le maximum de réactivité, mais le temps que lui arrive l'information et le retour d'ordre, il est trop tard et son système est inefficace. Il se résout à attendre. Quand les premiers retours de nouvelles et blessés arrivent, ce

n'est pas la joie. Il part du coup se coucher en espérant que demain sera un jour meilleur pour la bataille. Il ne trouve pas le sommeil rapidement évidemment, il réfléchit et prend des notes des indications pour demain. Un ordre dans la nuit pour le front est. Quel est-il ? Peut-être de stopper les combats vu les pertes, stratégies à revoir ?

Brusc

Il y a un Front à l'est et un front à l'ouest en même temps. Au front ouest les troupes sont montées en haut de la pointe du Cougoussa, elles ont aménagé une nouvelle fois des protections avec les restes du temple de Perséphone ou autre et ont commencé à faire des tirs de catapulte. Les hoplites ont une nouvelle fois emprunté le couloir sécurisé qu'ils avaient construit pour accéder en sécurité au temple et ont anéanti les nouvelles positions.

Bastion nord

Ils sont fiers et soulagés, ils ont encore vaincu l'attaque romaine.

Tour fortin

Le chef n'en revient pas, ils n'ont eu pratiquement rien à faire sur la muraille, sauf ceux qui étaient rabattus. Les hoplites des autres bastions et les Telonnais n'ont pas obéi à l'ordre de ne pas venir les aider et de commencer à fuir, ils se sont rassemblés en conséquence soit plus nombreux encore que la dernière fois et ont mené une attaque de revers à l'est de la muraille. Une fois de plus les troupes sont arrivées de Telon et des bastions et sont venues à bout complètement du camp massif romain aussi incroyable que cela puisse paraître. Ces derniers temps j'ai pu faire des relevés qui m'ont indiqué que Tauroeïs allait jusqu'à La Garde, donc j'ai complètement sous estimé Telon. Ce qui peut expliquer cette mobilisation importante. Donc le camp romain rasé, les tours l'ont été également. Des Romains fuient en peur panique vers le port du Mouret. Le chef du fortin jubile face à cette victoire, sans grand effort.

Au bastion sud par contre le couloir de la mort n'a jamais eu une hauteur de morts aussi importante, quatre mètres et plus. (l'année prochaine je devrai déterminer, en y étant attentif et en faisant des relevés supplémentaires, si cette attaque a été aidée d'une partie de l'armée grecque débarquée à Hérakleia, il est possible qu'il y ait eu un détachement ou des troupes directement débarquées à Telon)

CHAPITRE 37

Vendredi 30 août

<u>Bandol</u>
César est désespéré, affligé, c'est le déshonneur. Autant de pertes en un jour il n'en revient pas, il n'a peut-être jamais vécu cela avant. Il regrette de ne pas avoir un prisonnier grec sous la main pour se venger. Il pousse des cris, ne sait plus quoi faire, n'a plus de solution, il n'ose plus rien demander, tarde un peu avant d'envoyer son message de défaite. Il pense à profiter un peu avant son jugement qu'il pense être dur, boit un peu pour aider a encaisser le choc. Il va sur son toit-terrasse, pense que c'est peut- être ses derniers jours du fait d'avoir perdu autant d'hommes en un jour. Il se demande si ce ne serait pas mieux de se jeter, mais il sait qu'il ne peut pas finir ainsi pour ne pas salir son nom. C'est César IV. Il voit un cortège de soldats à cheval arriver au loin, il pense que c'est pour lui et que c'est la fin.
Effectivement c'est pour lui, mais c'est d'abord un message. Ils lui annoncent que d'autres troupes arrivent. Ces hommes pensaient se mêler à la bataille pour la victoire, mais ils sont surpris d'apprendre

qu'elle a été déjà perdue, du coup ils appliquent les ordres qu'on leur avaient donnés en cas de défaite de César. Comme il n'a plus de personne "caution", d'être cher, pour recevoir sa punition, l'un d'eux lui inflige un coup de glaive dans le ventre, il est laissé pour mort. (César dictateur ? quelle blague)

La ville est affligée par la défaite. Ils sont tellement surpris que si peu soient revenus. Plus tard on vient le soigner, il est inconscient. On le couche. Il fait venir des personnes, il leur donne des choses à dire, etc. Puis il repart dans l'inconscience. Il se réveillera le lendemain, soigné, pansé.

Brusc

Au bastion nord il y a des décorations.

Au bastion sud les soldats ont commencé à vider le couloir de la mort, qui était plein.

Sur la muraille il y a des décorations également, une personne très importante venue de l'extérieur, peut être d'Athènes vu l'importance qui lui est donnée, donne des décorations honorifiques aux hoplites.

Tour fortin

Le jeune Strategos est heureux. Il nage dans l'idéal héroïque, de plus c'est vraiment quelqu'un de marque qui est venu les décorer (certainement avec l'armée débarquée à Hérakleia). Il est aux anges. Il pense que son nom restera gravé dans le temps et qu'il accédera à la postérité. Il pense qu'il va y avoir de nouveaux accords de paix à négocier avec les Romains.

CHAPITRE 38

Samedi 31 août

Antipolis, le festin est fini, les Ligures rongent les os... Il y a un combat à gauche du fort Vauban. Ce sont le reste de la peuplade qui est descendue des montagnes pensant rejoindre les leurs.
Nikaïa est abandonnée à nouveau
Port Massilia 20e 0o
Athénopolis, les derniers corps sont mangés par les Ligures.
Olbia est toujours abandonnée.
Bandol
César a survécu, mais cela doit rester secret, ses amis viennent le voir et le veillent.
Massilia
Ce sont les fréquences du cirque qui prédominent, elles sont les plus fortes. Le cirque est fait pour attirer les nouveaux habitants, sa réputation doit être forte. Il y a des gladiateurs contre des esclaves déguisés en soldat, la mort à chaque minute, le spectacle doit être sanglant et spectaculaire. Il y a des mises en scène pour certaines mises à mort pour que le spectacle soit bien visuel. Le rouge est à

l'honneur, des écartèlements, des démembrements, etc, plus c'est gore plus cela est à sensation.

Le fort extérieur est devenu un mouroir. Ceux qui sont malades y vont pour mourir au besoin, en quarantaine. Il n'y a plus d'épidémie en ville. La ville attend de nouveaux habitants, elle se remplit tout doucement. Elle est une ville village pour l'instant, il n'y a pas énormément de bruit. Les rues ne sont pas énormément fréquentées. L'architecte veut partir, il pense que Massilia n'est pas un bon parti finalement, pas rentable. Il y fait des cauchemars.

<u>À La Cadière,</u> les Romains sont revenus, c'est la reprise des activités.

<u>Au Castellet</u> ils sont revenus également et ils célèbrent je ne sais quoi comme à Carcisis. Fête, célébration, danse en musique, sobriété, divinité à l'honneur.

<u>Bandol</u>
Il y a un nouveau chef. Les sous généraux sont toujours présents dans le QG. Ils sont en pause et il n'y a pas d'attaque de prévue. La nouvelle stratégie est dans la négociation et la ruse.

César s'est réveillé, il parle doucement à ses amis, ses jours ne sont plus en danger. Allongé il lui faut du repos. Il demande à manger ses fruits préférés et prend des nouvelles du conflit. Il dit que de toute manière, ils auront besoin de lui et qu'il saura prendre sa revanche sur les Grecs.

Dans le QG, ils lisent des rapports précédents en attendant des ordres. Ils ne font aucun plan de bataille pour l'instant.

Brusc

Bastion nord

Ils sont fiers et orgueilleux.

Bastion sud

Ils ont fini de nettoyer le couloir. Les cendres sont jetées à la mer.

Au port du Mouret, cette fois-ci la rampe a été bloquée avec des pierres massives.

La grande muraille baigne dans la fierté et l'orgueil.

Tour fortin

Le chef contemple sa décoration, parchemin également, notification, un droit de propriété sur ?

La personne importante est toujours là, pour mener à bien les négociations.

Cytharista

Les riches sont rentrés, il y a une fête pour honorer je ne sais quel dieu ou quel événement ? Avec des prêtresse recrutées pour la cause. Ils utilisent une multitude de petites lampes.

Carcisis est toujours un centre de formation.

CHAPITRE 39

Dimanche 1er septembre

<u>Antipolis</u>
Les nouveaux prisonniers de la bataille d'hier découvre avec désolation ce qu'il est advenu de leur semblables. Les Ligures sont repu, ce ne sera pas donc pour tout de suite.

<u>Nikaïa</u>
Les Ligures sont venus vérifier si la peuplade n'étais pas aller à Nikaïa également avec des éclaireurs, ils n'y trouvent personne.

<u>Olbia</u>
Il y a une nouvelle activité, des cavaliers etc, les Grecs débarqué à Hérakleia rétablissent un camp.

Port de Massalia 70e 0o

<u>Athénopolis</u> est toujours abandonnée.

<u>Bandol</u>
Ville
Les troupes sont très enthousiastes quand elles embarquent. Il semble que la percée est été effectuée au port des Embiez actuel. C'est le fameux passage du kidnapping vu il y a deux ans.(voir Tauroeïs et non Tauroentum)

Il y a un nouveau stratège (général) en fait, depuis hier. Il se ravi de la percée et pense que le plus dur est fait.

Chez lui, César est déçu que cette victoire ne soit pas la sienne et qu'il n'est jamais eu cette opportunité. Il considère que le nouveau général a récolté le fruit de son travail. Il se remet doucement de sa blessure. Je pense que celui qui a donné le coup de glaive savait ou porter le coup sans qu'il soit fatal et qu'il l'a fait volontairement. Il écris un message pour signifier qu'il est vivant et dénonce que ses successeurs ont récolté le fruit de son travail et demande qu'on lui redonne les Rênes. Il sait qu'il risque gros mais il se refuse à vivre caché. Il envoi un message au nouveau stratège aussi, qui n'est pas rassuré d'apprendre qu'il est toujours vivant. Cependant César est toujours faible et un moral en berne. Dans sa villa règne une Ambiance de maison de vampire.

Embiez

Les Romains sont entrés par le port des Embiez , c'est le passage que j'avais vu y a deux ans donc. (car la boucle temporelle recommence chaque année) Les Grecs ont cassés la muraille légèrement a gauche du port de commerce pour bloquer l'accès à la grande muraile.

Au bastion nord, c'est la peur et l'inquiétude au sujet de la personne important qui est prisonnière. Si les grecs reprennent la ville, ils le tueront. Ils ne savent pas quoi faire. Peut-être viens t'il d'Athènes. Les troupes s'engouffre et c'est le début du camp au parking du Gaou à peu près. Ils commencent déjà a démonter la muraille côte sud ouest entre le grand Gaou et les Embiez pour qu'ils n'est pas à la reprendre au cas où les hoplites repreniaent la position. Les prisonniers qui sont faits sont directement tués ou amenés à Bandol pour un sort pire, j'imagine. C'est les Grecs qui ont brûlé les entrepôt pour ne pas les laisser à l'ennemi.

Bastion sud

Il n'a pas subit d'attaque encore. Les hoplites craignent plus pour la vie de la personne importante que pour leur propre sort.

Les Romains ont encore débarqués au port du Mont Salva. Le camp du Mont Salva est rétabli sans les tours. Il y a une attaque de la porte nord, côté mer et une attaque de la muraille côté est.

Tour fortin

Elle est attaqué également sur son flanc est. Le strategos sait cette fois-ci qu'ils sont foutu. Il est isolé, il ne peut plus envoyer de message. Il sait que c'est la fin, il pleure, alors que hier encore, trop sûr d'eux, ils pensaient tous qu'ils avaient gagné la paix et le droit de vivre ici, soit le début d'une nouvelle ère. Il ne se laisse pas enfermer, car il sait que cela ne sert à rien. Son mot d'ordre : sauve qui peut, sauver vos vies.

La muraille qui prend le souffle a été activée.

CHAPITRE 40

Lundi 2 septembre

<u>Antipolis</u> les Ligures font un festin avec les nouveaux prisonniers.

<u>Nikaïa</u> est abandonnée, les Ligures récupèrent les affaires, ils font place nette.

Port de Marseille 20e 10o

<u>Olbia</u>

Les Grecs ont repris toutes les positions et sont en attente de l'ennemi, c'est une installation militaire uniquement.

<u>Athénopolis</u> est toujours abandonnée.

<u>Embiez</u>

Au matin la personne importante est suppliciée par les Romains en mode haut-parleur à la pointe du Cougoussa, puis il agonise. Le soir, les Romains démantèlent le petit Rouveau, le dédale et le maximum de muraille qu'ils peuvent.

<u>Bandol</u>

César a repris les rênes, le QG de l'appartement grec est vide.

En ville, il y a des troupes en masse, impatientes toujours, d'embarquer et de prendre part à la défaite des Grecs. La lumière est revenue dans l'appartement de César qui est encore faible. Il ne peut que savourer qu'à moitié sa réhabilitation et son début de victoire sur les Grecs de par son état. Le plan d'attaque est différent. Il attend de nouvelles informations pour pouvoir donner les directives. Il reste encore couché, il est fatigué.

<u>Embiez</u>
La forteresse est tombée, voir Tauroeïs et non Tauroentum, p 191, paragraphe 44, le siège de Tauroeïs. C'était donc le 2 septembre. (je n'arrive pas à le remarquer ici)

Mardi 3 Septembre

<u>Antipolis</u>
Les Ligures sont repus. Ils ont pris les chevaux de la peuplade et s'initient à monter à cheval.
<u>Brusc</u>
À la Coudoulière de Six-Fours, les Romains ont effectué une tentative de percée pour entrer dans les zones côtière de Tauroeïs. C'est un échec, ils se replient vers Bandol, laissant un camp sur place.
<u>Nikaïa</u> est abandonnée.
<u>Olbia</u>
Le camp militaire grec est toujours présent.
<u>Athénopolis</u> est toujours abandonnée.
Port de Marseille 30e 0o

Hérakleia est toujours occupée par l'armée grecque.
(retour webcam)

Bandol

Les anciens appartements grecs ont un nouveau locataire, invité par César.

César est agacé que le reste de Tauroeïs lui résiste encore (Telon, la zone côtière et les bastions) et qu'ils ne se rendent pas. Il fait de nouveaux plans en fonction. Il demande l'aide de quelqu'un. Peut-être un financier ou possédant des troupes. Apparemment c'est lui qui va gérer l'attaque. César ne s'est toujours pas remis de sa blessure et il est toujours fatigué, du moins il a besoin de repos.

Il demande encore d'autres troupes. Il envoie des messagers en ce sens.

Mercredi 4 Septembre

Antipolis les Ligures font une fête païenne de remerciements envers leurs dieux.

Nikaïa est abandonnée.

Olbia

La position est toujours tenue par les militaires Grecs.

Athénopolis est toujours abandonnée, un navire accoste, constate qu'il n'y a personne et repart.

Massilia

Aucune visibilité.

Six Fours
Un camp romain massif est donc installé vers la Coudoulière pour empêcher une reprise des Grecs de la forteresse des Embiez, pour leur faire barrage, s'ils venaient de Telon.

Embiez
Les Romains démontent les murailles en face du port de commerce pour donner l'accès à la ville.

Bandol
L'invité de César est toujours dans les appartements des anciens chefs grecs et attend ses ordres. Pour l'instant, il profite des appartements.

César est malade, sa blessure s'est peut-être infectée, il passe par tous les états. Ils lui font une opération après quoi il dort, recousu ?

Jeudi 5 septembre

Antipolis
Quelques Ligures commencent à rentrer vers Vallauris.

Nikaïa est abandonnée.

Olbia est toujours occupé par l'armée grecque venue d'Héracléia. Ils ont dû libérer la bande côtière.

Athénopolis est abandonnée.

Port de Massilia 30e 10o

Hérakleia est toujours sous occupation militaire grecque.

Embiez

Les Romains bloquent toujours la position à la Coudoulière pour empêcher que les Grecs reprennent la forteresse qu'ils démantèlent doucement.

Bandol

César va mieux. L'occupant des appartements c'est fait amener du matériel. Il peint, sculpte même peut être. César est sorti sur sa terrasse, il prend un peu l'air, impression de renaissance, puis prends son repas au soleil, lumière. Il demande des nouvelles de Cytharista, le port de Bandol ne suffit plus, peut-être la cité est également sollicitée. Les sous dirigeants de l'attaque seraient alors là-bas.

En ville, ils embarquent des esclaves pour le démantèlement des murailles de la forteresse. Ils démontent d'abord les murailles de l'intérieur pour que les Grecs ne le voient pas et que ça ne les incite pas à réagir rapidement, à ré attaquer.

CHAPITRE 41

Vendredi 6 septembre

<u>Antipolis</u>
Il reste des prisonniers, les Ligures s'amusent à les terroriser.
<u>Nikaïa</u> est abandonnée.
<u>Olbia</u> est sous occupation militaire grecque.
<u>Port de Massilia</u> 10e 0o
<u>Athénopolis</u>
Les Romains reprennent la position sans comprendre ce qu'il s'est passé, il n'y a plus personne. À nouveau, ils laissent une petite garnison.
<u>Hérakleia</u>
Des Ligures guettent les militaires grecs.
<u>Embiez</u>
Les Hoplites ont tenté une reprise de la forteresse par la mer, ils ont débarqué dans la ville par la côte sud et on tué les esclaves et tous ceux qui démontaient la muraille, puis ils ont foncé vers la muraille est, au niveau du port de commerce, ils ont rencontré les troupes romaines venues du camp de la Coudoulière pour les contrecarrer et les ont vaincues. Ils sont tombés ensuite au pied de leur propre muraille

qui est toujours occupée par les Romains, tir de flèche massif du haut des remparts.

Bandol

César se remet doucement ,il est content de la victoire du jour. En ville les hommes fêtent la victoire à la zone d'embarcadère, au début de la ville.

Il y a une petite fête avec musique, musicien, chez César pour fêter la victoire. Avec un invité seulement, le peintre, qui a fini son travail et a repris son équipement. Petite fête devant le tableau qui convient à César, ce doit être un dégradé de couleur du a une éruption volcanique passée (supposition) qui fait que le crépuscule soit riche en couleurs, car la baie vitrée n'est que sur la ligne d'horizon de la mer seulement vue l'orientation ou alors il ne s'agit que d'un coucher de soleil. César sait qu'il ne restera pas ici éternellement, il veut néanmoins emporter un souvenir de la vue. Il est très respectueux envers l'artiste.

Embiez (sur place)

Les Grecs sont arrivés par le Cougoussa, par le couloir ouvert par les Romains, ils ont tué les esclaves et autres qui démontaient la muraille, puis ils ont progressé vers le port ou ils ont rencontré les troupes romaines qui avaient été alertées, ils les ont vaincues puis se sont engouffrés dans le dédale en allant vers la muraille à l'est et non en le remontant.

Il y a eu un front côté sud également, les Grecs ont repris le port du Mouret, sont passés par le bastion sud, ont essuyé quelques pertes à cause des Romains en haut des remparts, puis ils ont passé le couloir, car les Romains avaient déjà enlevé les portes. Arrivés au port, ils se sont joints aux autres troupes grecque pour être stoppés au niveau du mur de liaison jusqu'au ceinturon 4, amassés devant la muraille les Romains leur ont jeté leur propre arme chimique. Ceux qui ont survécu à l'attaque chimique ont été faits prisonniers. En fait les Romains ne connaissant pas l'arme chimique des Grecs, ils l'ont trop surdosé. Ils en ont trop jeté, des jarres pleines de produits chimiques, les Grecs sont tous morts sauf ceux qui étaient les plus éloignés de la muraille, du lieu du tir, soit vers la zone de stockage des navires. Quand ils ont commencé à fuir, ils ont été pris par des Romains qui venaient de débarquer au port de commerce, ils n'ont pas eu à combattre, les Grecs étaient à moitié assommés par les émanations qu'ils fuyaient.

Tour fortin

Les Romains ont laissé les corps des Grecs pourrir à l'intérieur.

CHAPITRE 42

Samedi 7 septembre

Embiez
Les hoplites attaquent à droite du port actuel, au niveau du centre de recherche, les derniers combattants romains se replient sur les hauteurs.
Bandol
César est soucieux, mais il ne pense pas être en danger, les Grecs attaquent la ville.
Massilia était couverte de nuages, aucune visibilité.
Cytharista est attaqué également par les Grecs. Ils détruisent les grandes villas. Comme les Romains ont anéanti les fortifications, ils ne peuvent pas réinvestir la cité en gardant la position, ils laissent cependant des hommes volontaires dans le dernier petit bastion militaire laissé debout par les Romains.
Carcisis
Les Grecs n'ont pas attaqué, ils sont juste passés devant avec les trirèmes. Le chef romain a eu peur.
La Cadière est reprise également par les Grecs, ils retrouvent avec désolation leur cité romanisée, il n'y a plus de temple. L'ancienne demeure est à nouveau occupée par un chef grec. Ce sont peut-être des

Athéniens. (c'est une attaque générale de l'armée grecque débarquée à Hérakleia)

Ils ont également repris le Castellet, mais n'ont pas tué les prêtresses, ils leur ont juste dit de partir. Elles se plaignent quand même. Avec stupéfaction, ils ne retrouvent quasiment rien de l'Acropole qu'ils ont connue. Ils ne sont pas rassurés, sans murailles ils pensent être à la merci des Ligures. Ils ne savent pas que César a fait le ménage. Pour eux c'est le jour 0. Ils laissent quelques hommes en poste qui doivent rester discrets.

CHAPITRE 43

<u>Bandol</u>
Les Grecs ont repris la ville, les hoplites sont arrivés aux appartements des anciens chefs grecs. Ils ont laissé le peintre en vie et lui ont dit de ne pas prendre une arme à la main et de rester là. César est fait prisonnier. Comme il était dans sa maison, il se fait passer pour un serviteur. Il est amené avec les esclaves. Ils libèrent finalement les serviteurs, dont César qui s'échappe avec eux. Ils sont là uniquement pour la guerre, les serviteurs n'ont aucun intérêt à leurs yeux. César est dans la nature. Il compte remonter vers Aix, ne s'étant pas remis de son opération, il a beaucoup de peine à marcher. Son état a joué en sa faveur devant les Grecs, pourquoi pas des spartiates, ça je l'ignore. C'est eux donc, la vague qui est partie de Hérakleia, puis Olbia puis maintenant ici. C'est la Grèce qui veut reprendre ses comptoirs.

<u>Embiez</u>
Les Grecs (spartiates? Armée athénienne ?) ont tout repris, Embiez, muraille bastion, le mot d'ordre est de jeter les Romains du haut des murailles et de les laisser agoniser au sol. Ils sont entrés dans la

tour fortin et ont été témoins de la désolation du spectacle. Ils n'ont pas d'autres choix pour ne pas avoir de maladie que de brûler les corps sur place. Ils ont également attaqué le camp romain de la Coudoulière et libéré les prisonniers qui étaient toujours sous les effets négatifs des produits chimiques respirés la veille. Ils ont attaqué le camp sur le côté mer soit ouest, juste pour libérer les prisonniers et sont repartis. Le camp central est resté intact.
Il n'y a aucune trirème à Telon, toutes les positions ont été renforcées par les nouvelles troupes.

Dimanche 8 septembre

Antipolis les Ligures torturent les prisonniers avant de les manger.
Nikaïa est abandonnée.
À Olbia il y a un mouvement de troupes grecques vers Hérakleia.
À Hérakleia, il y a eu une attaque ligure massive, dans le champ de bataille, c'est la désolation, il y a des morts partout.
Port de Massilia, Massalia a été reprise par l'armée grecque. Habitants et esclaves sont priés de partir, 30e 60o. Les départs se font sur le quai ouest.
Athénopolis, la nouvelle petite garnison romaine est toujours présente.

Embiez

Cérémonie solennelle au niveau du port des Embiez avec la redescente du corps de la personne importante de la pointe du Cougoussa. Sur la muraille, il y a une cérémonie solennelle pour tous les héros morts de Tauroeïs. Les Grecs attaquent le camp romain de la Coudoulière.

Bandol

Les Grecs ne sont vraiment pas contents, les prisonniers romains, soldats, etc sont mis aux galères. Le peintre se fait expulsé avec son matériel et un nouveau chef grec prend les appartements de chef. Il est légèrement âgé. Lui aussi est séduit par le paysage, il a gardé les tableaux du peintre.

La maison de César est occupée par les militaires grecs. Ils se mettent sur le trône et se moquent des chefs romains, qu'ils cassent ensuite. Puis ils détruisent la villa, les plafonds s'effondrent dans un bruit assourdissant, tremblement.

Attaque du camp romain de la Coudoulière

C'est une attaque décisive cette fois-ci, pluie de flèche sur front ouest, rabattement côté est, le camp est rasé, les corps sont brûlés, le chef romain est fait prisonnier. Malmené, il est amené au chef grec pour interrogatoire, peut être cherchent-ils César, ou ils cherchent à savoir ce qu'il est arrivé aux habitants de Massalia. Les Romains sur place leur ayant dit qu'ils ne savaient rien, qu'ils étaient arrivés après.

Les Grecs se décomposent à l'annonce du génocide. Il est gardé pour témoin.

Brusc

Le bastion nord est réhabilité, des soldats sont nommés en poste permanent.

La forteresse est nettoyée et remise en état. Les trous dans les murailles sont bouchés grossièrement dans un premier temps pour l'urgence et accompagnés de pièges défensifs.

Après le cérémonial de l'ancien chef grec ou personne importante, le corps est amené aux navires.

Bastion sud

La porte finale du couloir de la mort a trop été endommagée par les Romains, il faut la refaire entièrement, d'où une faille pour la forteresse.

Tour fortin

Ça pue dans la tour dû aux corps brûlé la veille.

Il y a un nouveau Strategos. L'ancien appartement de Foxtraon, qu'il connaissait apparemment, a été vidé de son contenu par les Romains. Le nouveau chef est posé, il attend les ordres.

La muraille est réhabilitée également en hommes à poste fixe. La cérémonie est solennelle envers les héros morts.

Le mécanisme de la porte nord a été cassé par les Romains, les Grecs décident de ne pas la réparer pour l'instant. La porte nord est donc fermée.

Les corps de la bataille sont brûlés côté nord à l'extérieur de la forteresse

Il y a une énorme flotte romaine qui arrive dans la baie, peut être de nuit, une quarantaine de galères minimum.

Dans la nuit précédente

César ne pouvant pas faire de grand effort, il décide de rester sur place et promet à deux serviteurs de grosses récompenses s'ils reviennent le chercher avec des Romains. Finalement, las d'être seul et commençant à avoir faim et soif, il décide d'avancer seul la nuit.

CHAPITRE 44

Lundi 9 septembre

<u>Antipolis</u> les Ligures sont toujours présents.
<u>Nikaïa</u> est abandonnée.
Port de Massalia grec, 50e 20o
<u>Hérakleia</u>
Les troupes grecques sont arrivées sur les restes de la bataille. Ils nettoient la place et brûlent les corps, ils réinvestissent le camp. Le bilan de l'attaque est un match nul, ils se sont tous entretués.
<u>Athénopolis</u>
À nouveau la petite garnison est attaquée par les Ligures. Ils sont faits prisonniers.
<u>Massalia</u>
La ville a été reprise, mais il n'y a pas assez de gardes pour assurer la sécurité de la cité. Les murailles sont toujours là, les deux grandes certainement. Retrouver Massalia vide et romanisée est âpre pour les Grecs. Des Romains éjectés entrent dans les terres et leur disent qu'ils ne vivront plus très longtemps. Massalia a été vidée de l'occupation romaine sans grand combat, les Romains n'avaient pas laissé beaucoup d'hommes, se pensant invin-

cibles et les légions œuvraient ailleurs. La cité est à nouveau vide.

Carcisis
Les Grecs ont repris la cité. Le chef romain a été tué.

Bandol
Devant la masse de navires romains, les Grecs ont fui vers Cytharista par la terre en longeant la côte.

Cytharista
Les Grecs ont repoussé l'attaque romaine qui sont repartis vers Bandol.

La Cadière a été reprise par les Romains, ainsi que le Castellet.

Bandol
En ce qui concerne la flotte massive romaine de quarante navires et plus peut-être, je pense qu' ils ont vu la flotte grecque passer (pourquoi pas au détroit de Messine) et que cela a déclenché l'alarme et la poursuite à quelques jours d'écart, le temps de réunir la flotte. Bref ils ont repris Bandol, les Grecs ont combattu en vain et la moitié des troupes présentes a fui vers Cytharista.

Le chef grec a été arrêté, molesté et mis avec les autres prisonniers.

Brusc
Les nouveaux attaquants romains ne connaissent pas la forteresse. Leur attaque porte nord côté mer est repoussée, déjà les pertes commencent. Ailleurs la cité a tenu. Au Bastion sud, il n' y a aucune at-

taque, les Grecs ont bouché le couloir de la mort avec des blocs de pierre et autre provisoirement, car ils n'ont pas eu le temps de réparer les portes. Au Mont Salva, il n'y a aucun camp ni présence romaine. Les Romains ont concentré l'attaque en mer vers le port des Embiez, bombardement de la place avant le débarquement.

Tour fortin

Le nouveau chef est terrorisé par le nombre de bateaux romains dans la baie. Il essaie de communiquer avec les autres bastions, envoi de messager. Il demande des renseignements sur les mouvements de l'ennemi. Il ne dort pas dans la tour fortin, une mauvaise odeur y est toujours présente.

César a trouvé une voie romaine et a interpellé deux cavaliers. Une fois à Aix, les deux serviteurs avaient bien alerté de sa situation, il les fait affranchir.

Mardi 10 septembre

Antipolis c'est la fin du festin et le départ progressif des Ligures.

Nikaïa

Les Ligures sont venus récupérer les restes du camp et ont tout nettoyé.

Olbia

Vu la dangerosité des Ligures à Hérakleia, les troupes se rabattent vers Olbia et Tauroeïs.

Athénopolis, rebelote, les Ligures mangent la petite garnison.
Port de Massalia
Les Romains ont repris Massalia.
Hérakleia, les troupes grecques sur place restent sur les bateaux maintenant.
Massalia
Les Romains ont lâché leurs Ligures ou Gaulois sur la muraille pendant la nuit. Les Grecs étaient en nombre insuffisant pour garder la ville. Les Romains reprennent la place et essayent d'organiser une poursuite des navires qui ont quitté le port. "Poursuite et anéantissement" tel est le mot d'ordre. Celui qui gère les Ligures ordonne le repli de ces derniers avec une corne de brume.
Carcisis et Cytharista sont abandonnés aux Romains, ordre de repli sur Tauroeïs qui a encore toutes ses murailles.
Une légion ou deux arrive avec César, semble-t-il.
En abandonnant Cytharista, les Grecs sont tristes, ils savent peut-être qu'ils ne pourront jamais reprendre leur comptoirs, c'est la débâcle et la défaite.
La Cadière
Les Romains brûlent les morts de la bataille et laissent une petite garnison de garde en attendant la fin des combats.
Castellet
Une petite garde arrière est laissée sur place également

Bandol

L'ancienne salle de réception des appartements des chefs grecs est à nouveau le siège des opérations. En ville c'est la préparation au combat.

Un chef un peu âgé est dans l'appartement panoramique. C'est un très haut gradé, peut-être le chef de l'Armada soit l'Amiral. Les Romains font des tas de briques avec la villa détruite de césar, peut-être vont-ils la reconstruire.

Brusc

Bastion nord

La Position est tenue, l'attaque massive sur la porte nord n'a aucune efficacité. L'attaque et le bombardement sur le long des Embiez, du port des Embiez au port de commerce, n'ont aucun succès.

Tour fortin

Le chef est affligé de l'annonce de la perte définitive certainement de Massalia, Cytharista etc, soit le but de leur expédition. Peut-être également de savoir que la population entière de Massalia a disparu. Certains pensent à rentrer, rebrousser chemin, que la situation est perdue. Il écrit un message en ce sens. La tour a été nettoyée, purifiée, mais il ne s'y sent toujours pas bien.

Les Galères et trirèmes sont repliées à Telon.

CHAPITRE 45

Mercredi 11 septembre

<u>Antipolis,</u> célébrations ligure, il reste toujours des prisonniers.

<u>Nikaïa</u> est abandonnée.

<u>Olbia</u>
Présence militaire grecque toujours.

<u>Athénopolis</u>, digestion de la garnison...

<u>Massilia</u>
Une grande partie de la flotte massive romaine est dans le port. 100e 50o

<u>Hérakleia</u>
Il y a eu une nouvelle attaque ligure. Les soldats ont abandonné le camp provisoire, sont montés dans les bateaux et sont partis, peut-être pour Olbia.

<u>Brusc</u>
C'est une victoire romaine, ils torturent des prisonniers en fin de journée.

<u>Bandol</u>
Ils amènent des prisonniers grecs, au QG. Ils fêtent la victoire, dans l'appartement le chef est ravi de l'annonce.

Embiez

Les troupes romaines ont réussi à faire une percée et sont montées sur les murailles au niveau de l'ancien dédale des Embiez puis ils ont remonté les remparts et sont redescendus dans la ville par la passerelle.

Au niveau de la ville côté nord, dans la lagune actuelle, une dernière chance est donnée aux prisonniers pour être sauvés si ils gagnent un ultime combat. L'homme qu'ils combattent est imposant, ils doivent juste l'atteindre avec un glaive en bois, s'ils n'y parviennent pas, leur mort est très douloureuse, les Romains les font crier très fort.

Une fois de plus, quand la position haute est prise, la forteresse est perdue. Les nouveaux occupants avaient dû réparer l'accès aux Embiez sans se méfier. Il y a eu un mouvement massif des soldats de la grande muraille est pour parer l'attaque de la porte nord et de la muraille au port de commerce sans succès. Ils ont perdu, les troupes romaines étaient trop nombreuses. Le bastion nord quant à lui s'est rendu. Strategos s'est rendu également. Peut-être le dernier jour grec de la forteresse finalement.

CHAPITRE 46

Jeudi 12 septembre

<u>Antipolis</u> Repli progressif des Ligures et nettoyage pour ne pas faire fuir les futures proies.
<u>Nikaïa</u> est toujours abandonnée.
<u>Olbia</u>, le camp militaire grec est toujours présent,
<u>Athénopolis</u>, après avoir parfaitement nettoyé la place pour ne pas effrayer les prochains occupants afin qu'ils ne se doutent de rien, les Ligures repartent. La place est abandonnée à nouveau.
Port de Massilia 30e 20o
<u>Héralkeia</u> est abandonnée, les navires sont partis.
<u>Bandol</u>
Au QG c'est la panique. Le chef est déçu. En ville des troupes reviennent déçues. Le chef doit annoncer la mauvaise nouvelle de la défaite. Personne caution également? Ils reconstruisent la maison de César qui doit être rentré à Rome pour se refaire une santé physique et diplomatique.
<u>Brusc</u>
La forteresse a été complètement reprise par les Grecs. les Romains n'avaient laissé que quelques hommes au niveau du port des Embiez vers la fin

de l'ancien dédale, soit là ou ils étaient rentrés pour la victoire. Leur camp massif était juste après la forteresse. Les Grecs ont débarqué massivement au port du Mouret pour le front sud et sont arrivés également par le nord en venant de Tauroeïs est, Telon etc. Le camp romain a été pris en étau. Rasé. Ce sont les Grecs et les Telonnais pour la plupart, beaucoup plus virulent que les Grecs arrivés récemment. Les Romains du port de Embiez ont été évidemment vaincus facilement, un navire au moins a pu partir. La présence des Grecs à cet endroit signifiait que le camp avait été rasé.

La tour fortin est pleine de soldats locaux et hoplites. Tous les bastions et positions sont tenues

CHAPITRE 47

Vendredi 13 septembre

Antipolis, les Ligures repartent progressivement
Nikaïa est toujours abandonnée.
Olbia, les militaires grecs sont partis.
Athénopolis, des bateaux romains débarquent. Ils ne comprennent pas, il n'y a encore personne, les Ligures les attaques, le navire repart.
Port de Massilia 30e 50 ils embarquent des troupes.
Hérakleia est toujours abandonnée.
Massilia, la cité n'a pas encore été réinvestie par toute la population ou très peu , mais des ouvriers s'affairent à faire un aqueduc on dirait. Peut-être des bains également. L'architecte est revenu.
La Cadière
Je l'avais vu la dernière fois sans trop y croire, il y a une présence de Ligures qui se sont échappées des troupes romaines. L'acropole n'a pas été réinvestie. Ils n'ont rien à manger.Ils décident de manger l'un d'entre eux, quasiment vivant tellement ils ont faim.
Carcisis n'a pas été réinvestie pour l'instant, elle est laissée telle quelle, à l'abandon.

Cytharista
Les Grecs qui étaient venus avec leur armada sont revenus piller les riches villas romaines pour se faire un butin afin d'amortir les pertes.

Le Castellet, quelques gardes restent là, ils s'inquiètent de ce qui se passe à La Cadière, je crois qu'ils ont compris.

Bandol
Branle-bas de combat, César est de retour. Il reprend place dans les anciens appartements des chefs grecs, touché par les tableaux que le peintre a laissés malgré lui. Il le fait rechercher. Il est requinqué, mais ce n'est pas encore ça. Il statue sur la nouvelle stratégie à prendre. L'échec de l'ancien chef a été retentissant, ils n'ont pas jugé bon de couper un membre de la personne caution vu que tous les stratèges ont échoué jusqu'à maintenant.

César est las de cette guerre, il a hâte d'en finir. Il reste toujours fatigué de sa blessure. Il attend des troupes, cette fois-ci, ce sera décisif.

Brusc
En fait César devait revenir d'un échange diplomatique à Rome ou autre avec les hauts dignitaires grecs. Tauroeïs a été vendue, cédée, ou échangée avec d'autres terres. La guerre à Tauroeïs est devenue trop chère pour les deux camps, trop d'hommes sont morts, trop de perte des deux côtés par rapport à leurs moyens respectifs, les Grecs étant moindre. De plus les Grecs voulaient délivrer Massalia, or ils

n'ont pas trouvé la trace d'un seul Massaliote sur place. On ne leur a toujours rien dit, au sénat on leur a promis qu'une enquête serait faite pour trouver où est ce qu'ils seraient partis... César rentre donc vainqueur par abandon. Il est dit aux Grecs que ceux qui veulent rester, peuvent rester, il ne leur sera rien fait.

Au bastion nord, certains se préparent à partir. En fait beaucoup partent, le bastion sud est déjà vide, la grande muraille quasiment vidée de moitié, beaucoup veulent partir, ils attendent les prochains navires. Ceux qui étaient venus de Telon y retournent. La forteresse se vide, l'heure n'est plus au combat, mais à l'exil.

La tour fortin est quasiment vide, des hoplites profitent des appartements des chefs qui leur étaient normalement interdits.

Six fours, Telon, etc. 90% veulent partir, mais ils savent qu'il n'y a pas assez de bateaux pour cela. Beaucoup partent déjà, ceux qui ne peuvent pas embarquer de suite ne sont pas rassurés, car ils n'ont aucune certitude sur leur sort malgré qu'on leur ait annoncé qu'il ne leur serait fait aucun mal. Ils ont un mauvais pressentiment.

C'est la cohue dans le port de Telon. Les trirèmes sont réservées aux militaires et aux personnes de rang élevé de la cité. Ils ne regrettent pas trop, ils pensent juste à sauver leur vie et a se mettre en sécurité. Personne n'a confiance aux dires des Romains.

Samedi 14 septembre

Les Romains ont annoncé qu'ils prendraient possession de la ville demain.
Les Grecs commencent à casser les temples du sanctuaire inférieur de Sanary, Bellérophon, etc, idem pour les temples de Six Fours,
<u>Antipolis</u>, les Ligures font des célébrations sur les hauteurs.
<u>Nikaïa</u> est toujours abandonnée.
<u>À Olbia</u>, des Grecs sont venus pour embarquer dans le port.
<u>Athénopolis</u> est à nouveau vide.
Port de Massilia 10e 20o
Hérakleia,les Grecs viennent récupérer les deux,trois derniers navires qui étaient resté sur place.
<u>Brusc</u>
La forteresse est abandonnée.
<u>Bandol</u>
La ville est remplie de légionnaires qui ont soif de sang. César fait une fête sur les hauteurs de la ville avec ses amis et il leur promet un grand spectacle dans les jours qui viennent. Il a passé la journée à aller faire chercher des gens et à envoyer des invitations. Il rumine un plan très noir.

Au Bastion nord, les Grecs ont cassé le petit temple d'Héraclès, mais ils ont emporté avec eux la statue, idem au bastion sud. Ils récupèrent le fer, etc, dans la ville. Une cérémonie est faite avant le départ au Mont Salva avant d'embarquer au port du Mouret, par un prêtre, une sorte de bénédiction pour tous ceux qui sont morts et qui n'ont pas pu être enterrés, également une cérémonie de fermeture.
À Six-fours des gardes veulent rester et pensent que les Romains les laisseront vivre avec eux.

Telon

C'est une scène de panique et de cris de femmes, les bateaux sont pleins et la plupart sont partis. Les embarquements se font au compte goutte. La plupart des temples ont également été détruits. Il ne reste que des bateaux militaires qui attendent je ne sais quoi. Certains se préparent au combat, car ils pensent que les Romains ne vont pas tenir leur parole. Peut-être que les trirèmes sont incluses dans l'accord et qu'elles seront laissées aux Romains, au moins une.
À la Seyne, ils sont confiants, se sachant non Grecs, ils ne se sentent pas concernés. Ils pensent que les Romains les laisseront tranquilles. Les gardes restent au bastion de Ballaguier, ils pensent qu'ils seront conviés à vivre avec les Romains et feront cause commune.

Au bastion du Mourillon, ils pensent qu'ils verront bien ce qu'il se passera, qu'ils le verront venir de toute manière.

CHAPITRE 48

Dimanche 15 Septembre

Les convives de César ont pris part à la pointe du Cougoussa pour le spectacle de l'attaque. Il y a un banquet pour mélanger les plaisirs. La grande attraction est de retour, ils font jeter dans la falaise un serviteur qui a fait tomber quelque chose.
Pour protéger le petit banquet, des troupes romaines sont stationnées dans la lagune, soit la ville, par sécurité. À midi, l'attaque n'a pas encore commencé.
L'attaque a eu lieu dans l'après -midi comme précisé dans Tauroeïs et non Tauroentum. Avec du sang sur les remparts etc. À Portissol, la garnison est amoindrie, au préalable ils avaient également récupéré la statue d'Héraclès du temple du bastion. Une fois le spectacle des remparts rougis de sang des Grecs pour ses convives, ces derniers sont rentrés à terre, certains ont vomi pour avoir trop consommé d'alcool ce qui avait coûté cher en nombre de serviteurs jetés par la falaise. Une fois tous partis, la pointe du Cougoussa devient le QG des opérations. Toutes les troupes débarquées à Portissol re-

montent jusqu'à l'extrémité nord (quadrillage), soit vers le petit Cerveau et se préparent pour un ratissage d'ouest en est pour le lendemain. Toutes les parties entre les murailles doivent être épurées. Dans Le port de Portissol, les navires débarquent le long du quai, puis vont se ranger face aux falaises de la Cride.

Les troupes qui étaient à la lagune avancent vers la Coudoulière et se dirigent vers le bastion de Bonne Grâce. Le bastion est pris, les hommes sont brûlés (voir vol 1 p203) en même temps toutes les personnes qu'ils ont trouvées sur place sont regroupées. Les esclaves sont récupérés, possiblement pour le cirque.

<u>Antipolis</u> est abandonnée, idem Nikaïa, Athénopolis, Hérakleia, Olbia

Port de Marseille 0 0

<u>Bandol</u> César n'est pas là, il est resté dans sa tente au Cougoussa, ce sera son effort de guerre. La ville est vidée, ils ont tous pris leur position d'attaque sur Tauroeïs pour demain.

À Bonne Grâce, des Romains s'amusent avec des prisonniers avant de les tuer et de les brûler.

Des Émissaires sont partis à Telon prévenir la population qu'ils n'ont rien à craindre, que les bastions qui ont été attaqués étaient ceux qui n'avaient pas voulu se rendre et avaient montré des signes d'hostilité. Certains Telonnais ne sont pas dupes et s'apprêtent à combattre. La ville ou ceux qui n'ont pas pu partir restent terrorisés. La Seyne et Tamaris sont tombés également. Pareil, ils tuent et ils brûlent. La Seyne brûlée, Tamaris brûlée, bastion Balaguier Saint Mandrier brûlés. Telon pas encore, une trirème est toujours dans le port pour César, prévue dans l'accord.

Lundi 16 septembre

Génocide de Tauroeïs partie 2

Tous les autres bastions militaires en bout de route sécurisée sont pris sauf la forteresse du Mourillon. Les soldats rougissent également les murs des bastions selon la volonté de César, c'était le spectacle qu'il voulait offrir à ses invités.
Cette fois-ci les généraux sont au fort de Six Fours pour surplomber la baie et voir les opérations. Les amis de César, spectateurs avec lui, sont en bateau dans la rade de Toulon. Il attend avec impatience de prendre la trirème qui l'attend.
À la Seyne et ailleurs, les soldats brûlent les corps de la veille.
Antipolis, Nikaïa, Athénopolis, Hérakleia, Olbia sont abandonnées.
Port de Massilia 0 0, aucune activité.

Brusc

Déjà, il y a un architecte qui fait une découpe pour placer les futures parcelles.

Au fort de Six Fours, les généraux s'auto félicitent de la victoire écrasante (deux tiers de la population de Tauroeïs étaient partis et quasiment tout les hoplites).

Bandol

En ville, ils fêtent la victoire. La maison de César a été reconstruite. César fait une crise de nerfs et reste inconsolable. Comme les Romains n'ont pas tenu leur parole de laisser en paix ceux qui voulaient rester, les Grecs sont allés à la nage jusqu'à la trirème qui était ancrée dans la rade et l'ont coulée. Il y a donc une trirème dans la rade de Toulon (en fait non, vous le verrez dans mon prochain volume). Ses amis ne laissent pas entrer les serviteurs dans sa villa pour l'instant. Il demande un verre, pourtant un serviteur lui en amène un en tremblant. Il lui saute dessus en le griffant et en le mordant. Celui qui est en sa compagnie fait sortir le serviteur. Pas de cerise sur le gâteau pour César, pas de trirème. Lui qui voulait certainement parader avec.

Demain, il doit partir pour une autre conquête.

Telon

Comme le bastion du Mourillon est fermé et qu'il résiste, les Romains leur ont envoyé les Ligures dans la soirée à la nuit tombée. L'attaque est repoussée. La relève de garde se fait toute la nuit. Dans la ville il n'y a que la mort. Une fuite du bastion du Mourillon est organisée dans la nuit, des Grecs avaient anticipé, un navire était resté caché à l'écart, vu la situation il est revenu prendre des hommes dans la nuit.

Mardi 17 septembre

Journée des cendres
Les Romains finissent de brûler tous les corps.
Ils commencent déjà le démantèlement des bastions pour les rendre imprenables en cas de reprise de l'ennemi. Au bastion du Mourillon, les Romains envoient les Ligures toujours. J'ignore si c'est celui de cette nuit, mais un bateau qui faisait fuite a été intercepté.
Le port échappatoire secret est pris par les Romains. Ils ceinturent le bastion côté mer.
<u>Olbia</u>
Investigation des troupes romaines, recherche d'habitants, la cité est abandonnée. Prise de possession des lieux, résistance à un bastion militaire?
<u>Antipolis,</u> des troupes, certainement romaines, attaquent par l'ouest les Ligures de Vallauris qui se rabattent en conséquence vers la ville.
<u>Nikaïa</u> est toujours abandonnée.
Port de Massilia 30e 0o arrivée des esclaves de Tauroeïs.
<u>Hérakleia</u> est abandonnée.

Brusc, Embiez

Les Esclaves retaillent des pierres parfois, dans le démantèlement de la muraille, priorité est donnée à la lagune et à la muraille des Embiez.

Bandol

César part pour Massilia au cirque, il se prépare à être vu en public. Les prisonniers grecs et les esclaves grecs de Tauroeïs passent au cirque. C'est un massacre, le pouvoir de décision final est demandé à César, il met son pouce vers le bas pour tuer tous les survivants du spectacle. Le gladiateur qui lui demandait son jugement, pensait vraiment qu'il allait les gracier vu le massacre maximum qui venait d'avoir lieu. C'est le massacre de tous les prisonniers survivants et autres. De toute manière c'était ça ou les fauves. Il a toujours de la rancœur à cause de la perte de la trirème et autres.

Un autre peintre est dans l'appartement panoramique.

CHAPITRE 49

Mercredi 18 septembre

Brusc
Les esclaves continuent à démonter la forteresse des élites, y compris la grande muraille cette fois-ci. Comme il y a trop de pierres, ils en jettent dans la mer.

Bastion sud
Les Romains ont obstrué la porte sud au début côté est, ainsi que le port du Mouret. Malgré tout, ils ont quand même peur que les Grecs reviennent par ces voies là.
Le bastion nord est conservé, la tour fortin est raboté pour être au même niveau que les remparts.
Au Mourillon, les Romains ont promis qu'ils leur laisseraient la vie sauve s'ils partaient maintenant. Ils ont donc laissé entrer et accoster un navire, tous les Grecs du Mourillon ont embarqué et une fois en mer ils l'ont attaqué et coulé. Les Romains prennent le Mourillon. Un homme témoin qui était resté, s'échappe et va se mêler aux esclaves qui commencent le démantèlement.

Antipolis

De la bataille, des Ligures sont rabattus vers Antipolis, également vers Nikaïa

Hérakleia les Romains ont repris la cité et prennent position.

Olbia est sous occupation romaine.

Athénopolis est toujours abandonnée

Port Massilia 0e 0o

Bandol

Le peintre est parti, César a dû le faire rappeler pour qu'il le rejoigne. En ville c'est la paix je n'y vois plus rien, il n'y a plus de fréquence résiduelle forte.

César est bel et bien parti pour d'autres conquêtes.

C'est ici que je décide de couper mon récit d'écho temporel, soit mon marathon des échos de cet été 2024, à savoir qu'aujourd'hui nous sommes le 21 novembre et que je continue, mais plus partiellement, le relevé des échos temporels. Je cherche le "reset", soit le jour ou la boucle temporelle rebascule en époque grecque pré-invasion romaine puisque la boucle recommence chaque année. À ce jour je n'ai pas encore trouvé le reset et je suis toujours en période romaine, soit post fin des Massaliotes. Je sais donc à quoi correspond la date du 25 octobre cité dans les textes, annoncée comme étant la date de la reddition de Massalia, que nenni comme nous l'avons vu précédemment. Dans mon prochain volume "Tauroeïs" tout simplement ou je réunirais mes trois volumes soit Tauroeïs et non Tauroentum, Tauroeïs cité de Poséidon et Tauroeïs les Thermopyles Massaliotes, je continuerai les échos jusqu'à début novembre et vous aurez ainsi l'information : et bien non, renonçant évidemment à une logique commerciale je vais donc vous dire ici à quoi correspond cette date. Le quatrième volume sera donc pour les "affiçionados" qui voudront tout savoir, mais il s'agit la période romaine de Tauroeïs, soit Tauroentum et certains seront certainement déçus, car les Romains vont encore un peu perdre encore de leurs galons et les échos vont montrer une réalité bien basse que nous connaissons tous pour avoir déjà observé ce type d'évènements dans différentes guerres.

La date du 25 octobre correspond à une victoire romaine à Antipolis sur les troupes Ibères et Celto Ibères, car les Romains ayant fait la même erreur dans les comptoirs de la péninsule ibérique, soit d'enlever les murailles, les Ibères les ont alors attaqué et ont décidé de remonter sur tous les comptoirs. Cette date est une date de victoire écrasante romaine sur les Ibères à Antipolis, mais le lendemain ce sont d'autres Ibères, rester en arrière qui ont anéanti la légion romaine… Les Ibères ont stoppé leur "remontada" à la vue des Alpes. Effectivement à Antibes, on peut voir la prédominance des alpes dans le paysage, encore aujourd'hui évidemment. La suite sera dans mon prochain volume donc avec quelques conclusions que je ne pourrai pas aborder ici puisqu'elles sont issues d'échos plus tardifs, mais d'ores et déjà que peut-on tirer comme conclusion si on considère que les échos sont une source viable d'information, du moins les relevés que j'en ai faits : César n'est pas le dictateur qui a pris Rome, il n'y a pas de Rubicon, même plus tard je n'ai rien de ce type. C'est un subalterne de Rome, un général des conquêtes romaines qui a acquis une certaine notoriété de par ses victoires, mais c'est tout. Aujourd'hui je pense qu'une partie de ses récits ont été faits par ses admirateurs en accord avec Rome pour en faire un mythe et en même temps un cache génocide pour les conquêtes, comme je l'avais pressenti dès le début. Je retombe sur mes pattes me direz vous et sur bien d'autres choses comme le cannibalisme et quelques autres éléments vus lors de mes premiers relevés de la forteresse des élites massaliotes comme la boucherie de la grande muraille, ou la colère de César. J'avais fait une vidéo les traitant sans avoir commencé les relevés d'échos temporels.

Je vais maintenant vous introduire dans des constatations qui m'ont moi-même surpris lors des relevés des échos que j'ai tus jusqu'à maintenant pour ne pas vous dépayser lors de votre voyage temporel dans l'antiquité offerte par les échos.

Chapitre 50

Analogie contemporaine / La cerise sur le gâteau

Alors on s'accroche, car ça va encore dépoter. Mais qu'est ce que c'est que ce bin's? Des Grecs qui tiennent face aux Romains héroïquement animés d'une force hors du commun que leur religion leur donne? Des Romains qui sortent des engins pour contrecarrer la force physique, l'être cher caution qu'on démembre en cas de défaite du stratège, la torture, les bêtes sauvages, mais on est où là? On est dans Star Wars…
L'empire c'est l'Empire romain et les Jedi et la force c'est les Grecs, bah oui. On voit bien que des échos on pourrait déjà faire beaucoup d'analogie avec des contes contemporains et que ces histoires résonnent comme si nous les connaissions déjà, mais alors ça veut dire quoi? Ça veut dire que quand nous créons, histoire, conte, scénario, etc, nous croyons inventer, nous croyons créer alors qu'en fait nous allons possiblement puiser tout ça dans nos gênes et la mémoire cellulaire. Quand nous arrivons au monde, nous sommes vierges mentalement, nous ne savons rien or nos cellules, elles, savent

tout, elles ont l'héritage génétique de tous nos ancêtres depuis le début, le lien qui nous relie à tous nos prédécesseurs et leur acquis. Nous sommes issus des gagnants, nous sommes issus de ceux qui ont survécu et dont l'ADN est arrivé jusqu'à nos jours. George Lucas a donc, je pense, puisé sans le savoir dans la mémoire de ses racines européennes. Cela veut dire que je vous ai trouvé la réelle force des Jedi, rien que ça…soit la religion grecque.

Je ne l'ai pas signalé pendant le récit, mais quand César va à Rome pour demander plus de troupes, l'homme lépreux à qui il les demande et qui a l'air d'être le chef caché ou pas, est vraiment le copié collé de l'empereur… et César après la perte de l'être cher on peut commencer à l'assimiler à Dark Vador… et les annales de l'Empire ont bel et bien disparu, effacé tous les combats héroïques Grecs. Les Romains, c'est l'empire qui a gagné. La damnatio memmoriae appliqué aux grecs.

Ensuite pour ce qui concerne la cerise sur le gâteau il s'agit de la force des Grecs, la religion grecque. Depuis que je me suis rendu compte que juste de dire Tauroeïs cité de Poséidon me donnait de l'énergie et ensuite avoir essayé d'autres divinités pour me rendre compte que chacun me faisait un effet différent, je me suis bel et bien rendu compte qu'il s'agissait là d'un apport de force ou autre incroyable donné gratuitement avec un minimum d'effort soit juste de dire ou de penser "Tauroeïs cité de Poséidon" pour ressentir de l'énergie monter dans les jambes. Incroyable vous me direz et pas qu'un peu. La deuxième divinité que j'ai testée était Athéna sous son trait déesse de la sagesse pour ressentir une énergie au niveau du cerveau, un apaisement soit tout à fait différent de ce que Tauroeïs cité de Poséidon me procurait. Si on dit cité de Poséidon ou Poséidon tout seul, cela ne fonctionne pas. Il faut associer le comptoir où la ville consacrée où l'on se trouve soit Tauroeïs pour chez moi. C'est d'ailleurs avec cette technique que j'ai pu définir les nouvelles limites de Tauroeïs, car dès que l'on sort de la terre consacrée par les Grecs cela ne marche plus. Ainsi à La Garde après le rond-point " carrefour des quatre chemins", 30 mètres plus loin, Tauroeïs ne fonctionne plus, il faut dire Olbia. Soit Olbia commence à La Garde… incroyable.

Ça va mettre un sacré coup dans les cartes, et c'était bel et bien la bande côtière que les Grecs avaient investie, pour preuve. Tauroeïs fini donc a port d'Alon et remonte jusqu'au Beausset au rond point Georges Pompidou, après c'est Cytharista. Soit la Cadière comme le Castellet sont à Cytharista, soit il faut dire ou penser "Cytharista cité de Poséidon". Il faut associer à la divinité la ville grecque ou l'on se trouve. Par contre si vous dites Massalia cité de Poséidon, cela fonctionne, mais ce sera plus fort en intensité, pourquoi ? Je n'en sais rien. C'est la capitale, mais là on entre dans un domaine qui m'échappe évidemment. Ce n'est pas d'ordre scientifique et pourtant vous allez voir pour la suite. Ensuite je suis allé tester si cela fonctionnait partout, soit vers Cuers, etc. Et bien non, cela ne marche pas, vous ne pourrez pas tester vous me direz, et bien si, car sur le même fonctionnement, j'ai trouvé comment activer cette fonction on va dire, soit il faut dire '' Terra planète de Poséidon'' et là ça fonctionne peut être partout sur terre apparemment. J'ai appelé un ami dans le centre de la France et cela a marché pour lui aussi. Donc là on entre dans une dimension hors du commun, vous êtes un peu habitué vous me direz, mais c'est quand même extraordinaire. J'ai eu la réponse plus tard en relevant les échos. Depuis le début, je sais que je suis guidé par des esprits, bon je n'allais pas balancer l'information au premier volume pour ne faire fuir personne, évidemment, mais certaines informations sont issus de leur aide ou intervention, notamment les catapultes sur les ceinturons, la première lecture des jours de Génocide de Tauroeïs, éléments dont je n'avais vraiment pas envie de plonger dedans, j'ai été guidé, et sur d'autres éléments. Cela comporte un avantage c'est que quand je me trompe j'ai comme une pression sur la tête, donc cela valide potentiellement du moins par eux, mon récit. Alors là, les historiens ont disparu je suppose et bien non restez, ce n'est pas fini. Lors de l'arrivée de la flotte massive romaine dans la baie de Sanary, normalement je finis par la tour fortin la tournée de mes relevés et je rentre. Or là, mes guides ou mon guide m'a poussé à aller sur la plage, je ne pouvais pas faire autrement, j'ai d'abord râlé, n'ayant pas reconnu mon potentiel guide, puis je suis allé à la plage pour y voir la flotte romaine arriver, soit en pleine nuit. J'ai alors remercié mon guide en pensant que j'avais affaire à des esprits grecs comme peut être le premier Strategos à s'être suicidé, son esprit aurait peut être pu rester coincé tout ce temps, et sur le retour, je suis poussé à dire'' Tauroeïs cité d'Atlantis'' et là je sens une énergie de dingue. J'essaye ensuite ''Tauroeïs cité des Atlantes'' et là c'est encore plus fort, un soin énergétique global en quelques mots. Alors que pensez de tout ça ? Surtout que depuis évidemment, j'en ai parlé autour de moi et que cela marche sur d'autres personnes. Je pense que la mythologie grecque est en fait des mots clés d'activation d'une technologie Atlante du passé...rien que ça. Sinon expliquez-moi comment ça marche ? Cela doit venir du centre planète ou sous terre et évidemment c'est bien plus vieux que les Grecs. De ce que j'ai eu comme information et évidemment on pourra rien prouver, les Atlantes avaient une technologie en accord avec les forces de la nature, et ce qui les a perdus, c'est une expérience qui a mal tourné, soit qui les as détruits, tous. Ensuite comme avec moi, ils ont agi comme des guides pour les Grecs en leur

soufflant les mots clés activant leur technologie toujours active (toujours pas de chemise blanche à la porte, je continue). Donc en gros tous les noms des divinités activent une fonction de soin. Leur technologie était de faire une fonction de soin activable par la pensée ou la voix partout sur la planète. Je pense même que la terre était leur laboratoire, peut-être créé pour la cause et qu'ils l'ont perdu avec une de leur expérience. Tout me contredira, mais quand on regarde la carte de la Pangée, le premier supercontinent, la Grèce est au centre…peut-être leur base initiale, mais cela remonte trop loin. Peut-être leur expérience loupée serait à la base de la dérive des continents (je vais me faire fusiller par les scientifiques, je pense) mais ce sont des idées qui m'ont traversé l'esprit. Me guider aujourd'hui aurait été pour deux fonctions : la Grèce est à la base de notre civilisation occidentale, peut-être est-ce une manière de nous dire, ces esprits Atlantes qui ne s'altère pas, une forme d'immortalité comme dans Star War encore, donc de nous dire qu'ils sont à la base de la civilisation dans le sens ou ils nous ont aidé à sortir de la barbarie, ce que vous verrez dans mes prochains volumes. Ensuite peut-être cette technologie nous aidera encore si le chaos revient.
Alors cette technologie allons y gaiement.
Pégase active le troisième œil, bon pour les yeux
Zeus le chakra coronal
Poséidon cela va vous plaire, enlève la fatigue

Hérakles donne la force, cela ne marche qu'avec les hommes apparemment, désolé mesdames.

Hygié donne la guérison , du moins cela soulage, il faut l'accompagner en pensant à la partie que l'on veut soigner.

Triton c'est plexus solaire, coeur et poumons.

Gaïa donne l'harmonie avec la nature.

Adhès nettoie les esprits parasites.

Hestia pour la maison, mais Vesta déesse normalement romaine marche très bien aussi, cela protège et énergétise la maison.

Cerbère pour le système immunitaire, je crois

Athéna déesse de la sagesse , cerveau apparemment , cela calme.

Et je n'ai pas tout testé mais ça viendra, comme je continue les relevés et l'écriture des livres ce n'est pas évident, il semble qu'il y en ait qui soit subtil. Poseidon c'est une lectrice test qui m'a dit que ça lui avait enlevé la fatigue, je n'avais pas fait la liaison, j'avais juste senti de l'énergie, comme quoi tout le monde va être mis a contribution et quel cadeau pour les générations futures. Le voilà mon trésor issu de mes recherches, et c'est pour tout le monde : je me soigne avec aujourd'hui, et ça m'aide vraiment.

Terra planète de Poséidon qui enlève la fatigue, ça va être un succès. Il y en a chez qui cela fonctionne sans qu'ils ne s'en rendent compte, du moins ils ne l'acceptent pas.

En ce qui concerne la technique pour valider les divinités des temples c'est pareil. Il faut se mettre dans les limites du temple et vous avez juste à dire ''' temple de Poséidon '' ou autre. Si vous ne vous êtes pas trompé sur la divinité, le soin s'effectue et l'énergie part vers le haut on va dire. Si vous vous êtes trompé l'énergie est vers le bas et c'est toujours à peu près pareil, comme quelque chose de sombre. Je rappelle que les temples étaient construits, je pense pour amplifier le phénomène, raison pour laquelle les Grecs les détruisaient pour ne pas laisser ce qu'ils considéraient comme leur force à leurs ennemis avant l'exil. C'est ainsi qu'avec le temple de Ceto sur la jetée du phare de Sanary par exemple, tout indiquait qu'il s'agissait du temple d'Amphitrite sous son trait ''maîtresse des monstres marins'' or non il s'agit de Ceto maîtresse des montres marins. Sans cette technique, après la potentielle création d'une caméra pour visualiser le résiduel de piézo électricité, on aurait pu encore faire des erreurs. Soit la méthodologie est complète même si pour l'instant elle peut paraître abstraite pour ceux qui ne sentent rien, c'est une histoire de chakra racine uniquement, si on en est coupé on ne ressent rien.

Voilà, je vais vous laissez ici avec ces trésors et je vous donne rendez vous pour le prochain volume pour ceux qui veulent ou il y aura la suite des relevés jusqu'a début novembre et d'avance je vous le dis, ce n'est pas gai, sans les murailles défensives c'est le retour du chaos, vous verrez, peut être plus encore dans mon cinquième volume si tout va bien soit la boucle temporelle complète que je continue aujourd'hui. Le Reset n'est pas encore arrivé (date où la boucle recommence), j'ai hâte d'y arriver, car avec les barbares c'est le chaos. Le prochain volume, ''Tauroeis'' donnera les informations pour ceux qui veulent avoir la saison complète donc, soit le 25 octobre inclu, date ou normalement Massalia se rend, selon les textes, et évidemment pas du tout selon les relevés d'échos temporels, et il sera une réunion des trois premiers volumes. Je me lance dans son écriture dès à présent.

Plans issus de Tauroeïs et non tauroentum

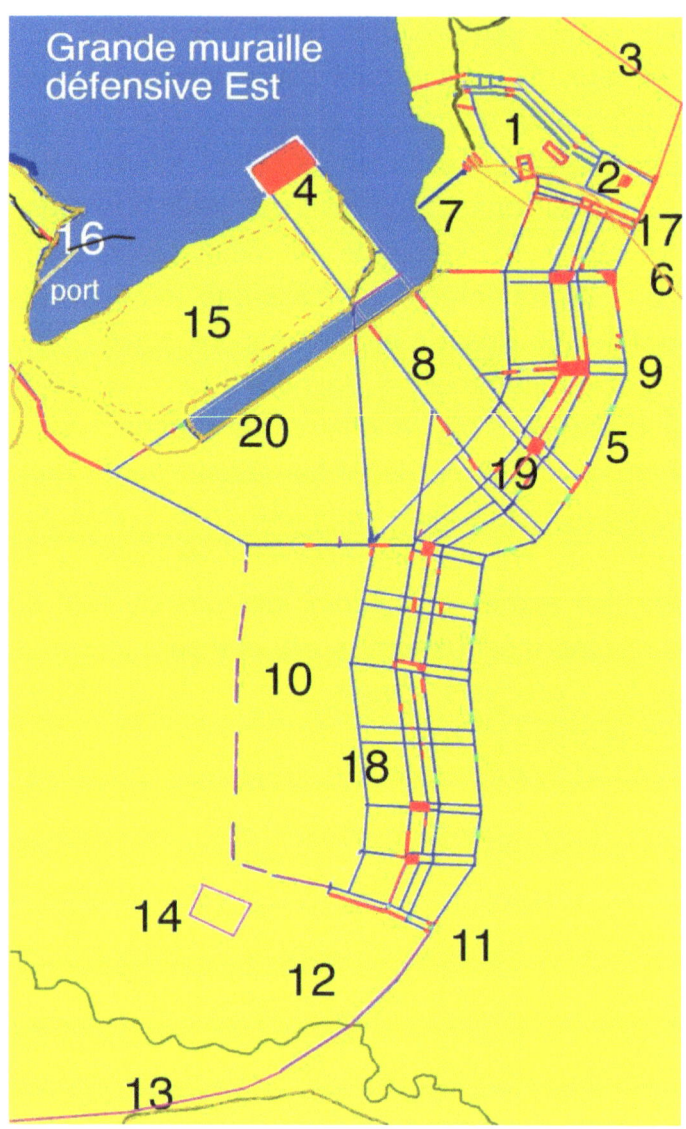

1 bastion nord
2 tour fortin
3 le 80m
4 édifice de défense du port
5 le 40m
6 aqueduc grec de Tauroeïs
7 bassin de remplissage des amphores / réapprovisionnement en eau des navires
8 mur rempart sud du bras de jonction muraille / plateforme de défense du port
9 ceinturon place du Mail
10 petit dédale pour les mercenaires / intrusion nocturne/assaut
11 porte sud de la grande muraille défensive
12 emplacement du bastion sud
13 passerelle de jonction muraille / forteresse
14 caserne du bastion sud
15 marécage laissé volontairement
16 port de commerce et militaire
17 entrée nord de la grande muraille défensive
18 le 30 mètres qui ferme la grande muraille
19 ensemble des trois remparts
20 mouillage sécurisé des navires

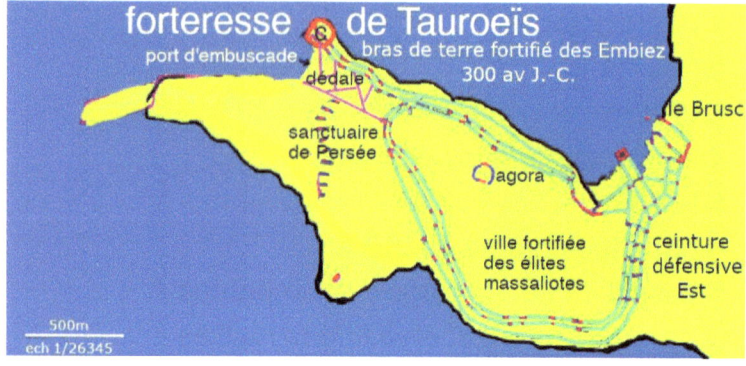

C fortin du mécanisme d'ouverture de la chaine / petit rouveau

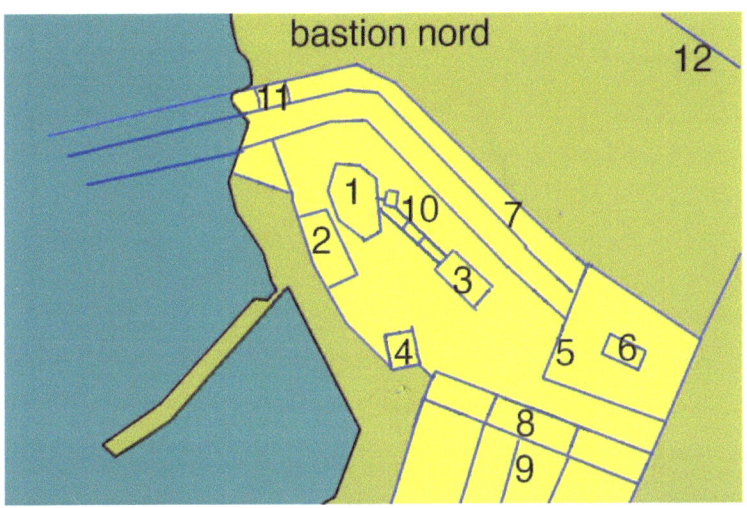

1 aire d'entraînement des hoplites **2** caserne
3 petit temple in antis
4 porte-sas du bastion sud
5 tour fortin
6 pilier central de la tour
7 triples remparts , le plus au nord des trois remparts était encore visible en 1885
8 couloir de la porte d'entrée nord, les chaudrons sont à gauche du 8 et de l'autre côté
9 triple rempart
10 contrôle d'accès au temple
11 tour **12** premier rempart à 80 mètres

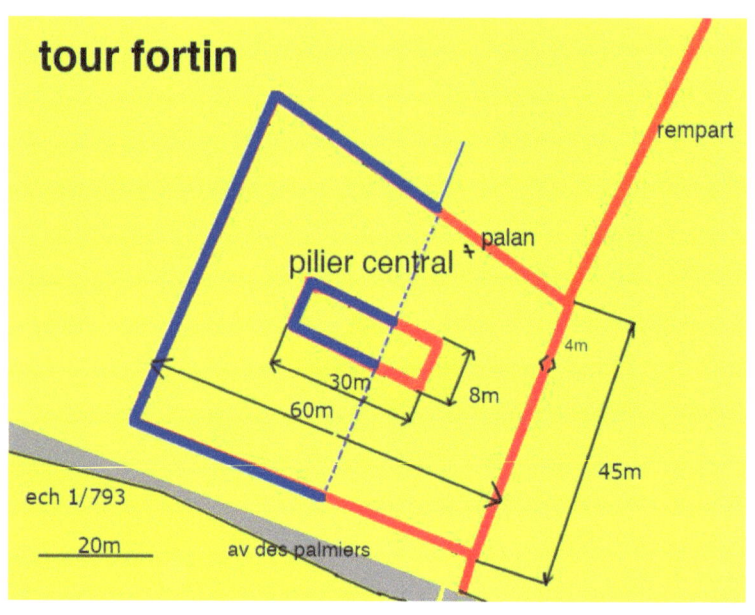

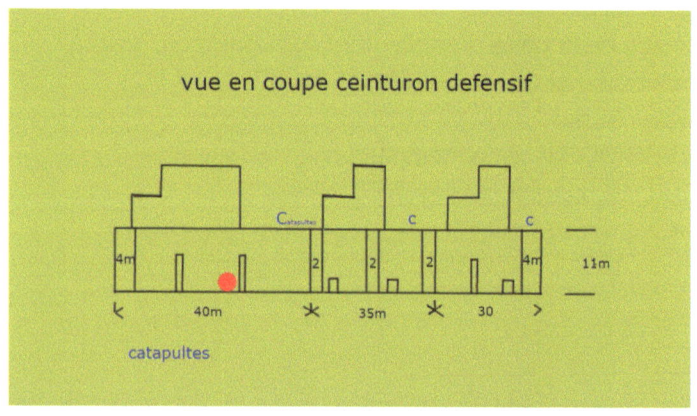

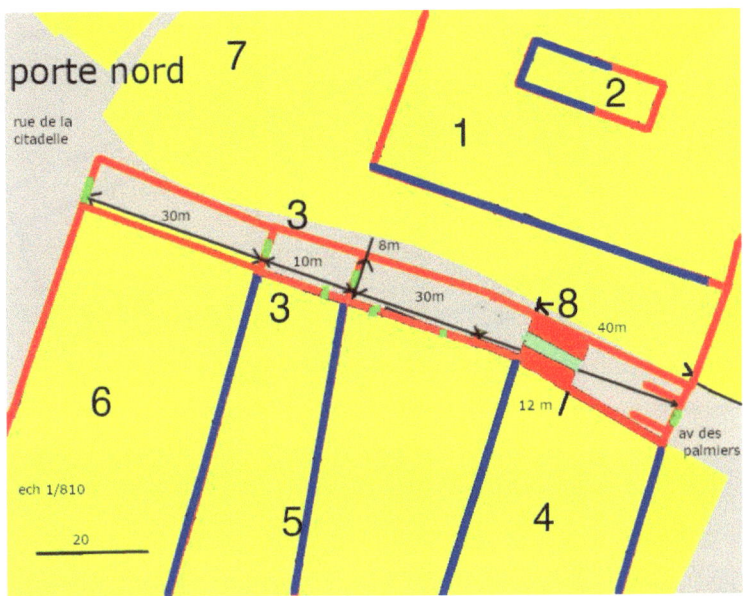

1 tour fortin
2 pilier central
3 emplacement des chaudrons d'huiles bouillantes
4 carré défensif des premiers 40m
5 triple rempart
6 dernier bloc défensif 30 mètres
7 bastion nord
8 Petite surprise d'un relevé récent que j'ai fait pour le livre, car il me manquait une donnée, il apparaît qu'il y a à cet endroit un édifice défensif de 12 m de long que j'avais voulu ignorer au tout début vous savez pourquoi et oublié du coup. Cela devait être sans certitude un couloir de 12 mètres de long avec un système de plafond qui venait s'écraser sur l'assaillant…totale exclusivité puisque je ne l'ai jamais signalée dans mes rapports précédents. La relecture de la porte nord m'a également donné de nouvelles informations.

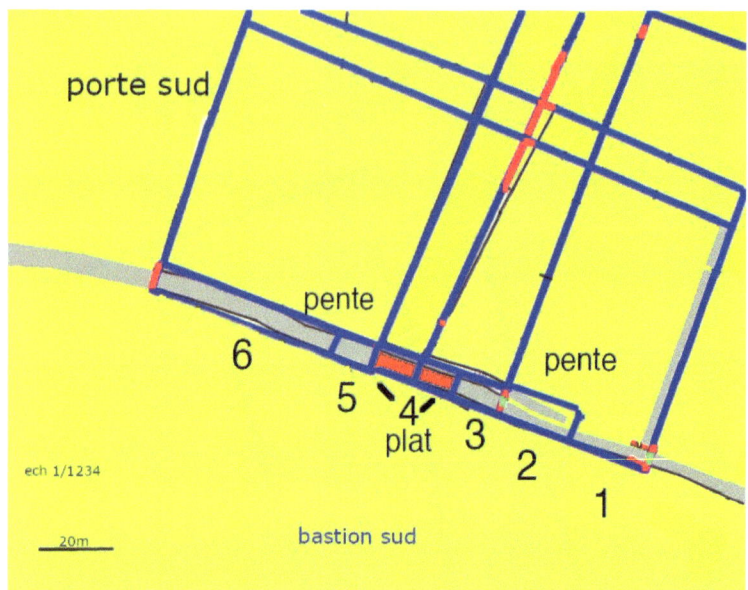

1 1re porte d'enceinte / rempart 4m de large (ouverte) **2** 2e porte d'enceinte **3** 3e porte, début triple rempart **4** sas de massacre / lances et chaudrons / peut être d'autres pièges défensifs avec mécanisme comme mur de lance, produit chimique **5** sas d'évacuation des morts **6** sas de tri récupération des lances et couloir de la mort. Pour aider l'assaillant à s'engouffrer dans le sas de la mort, qui n'est plus qu'un couloir, mais également un sas puisqu'en fait la porte 4 se referme sur les assaillants de façon à ce que ceux qui ne sont pas encore entrés dans le sas ne voient pas ce qu'il arrive à leurs prédécesseurs. Entre 1 et 4 il y a une légère pente pour aider à la fougue combative aveuglée de l'attaquant, puis le sas de massacre est à plat. Ensuite il y a le sas d'évacuation : la porte 5 s'ouvre, des hommes avec des chevaux traînant des sortes de planchers/brancards prennent les morts, et les entassent pour les sortir rapidement afin que le sas soit prêt à resservir. En 6 le tri est fait , les lances sont récupérées et remise aux mains des hoplites pour a nouveau servir dans le sas de la mort. Le 6 peu également ment servir de couloir de la mort.

Bataille navale de Tauroeis/ Tauroentum 1er phase

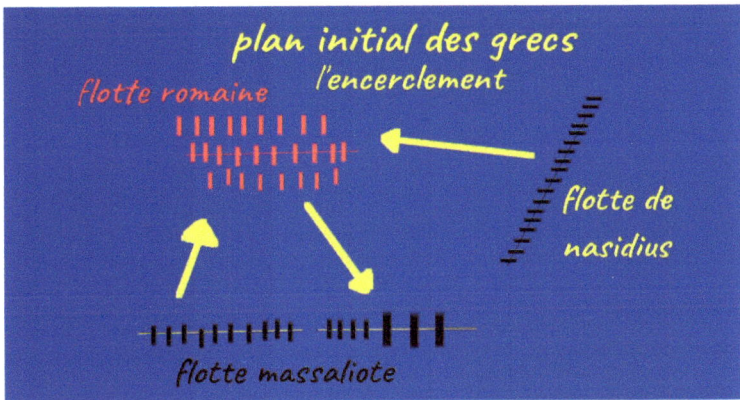

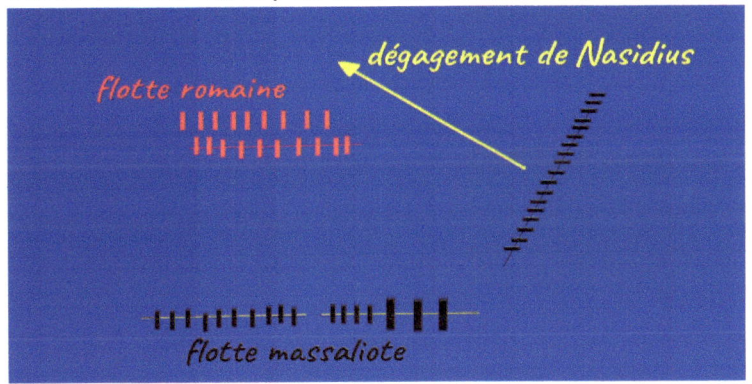

INDEX

Préambule...7

CHAPITRES

1
Première attaque romaine de la forteresse grecque / les Ligures attaquent les positions romaines.......17

2
Arrivée de renforts grecs...............23

3
Planification de la résolution du problème ligure par César...29

4
Foxtraon, le Strategos de la forteresse se prépare à la bataille...35

5
L'enquête de César sur la mort d'Itharicus..........43

6
Attaque romaine de petites embarcations passant sous la chaine de protection de la baie.............. 47

7
Suicide du supposé athénien.............53

8
César victime d'une tentative de meurtre.............57

9
Malgré le sacrifice du suicidé, le Strategos Foxtraon et ses hommes resteront pour combattre............61

10
Débarquement romain par le port du Mouret, premier établissement du camp romain du Mont Salva / attaque de deux cohortes………………………………71

11
Attaque par front est et ouest de la forteresse grecque……………………………………………………..77

12
Foxtraon atteint par la folie de la guerre……….....87

13
Retour de César, reprise des assauts sur la forteresse/ l'arme chimique grecque……………………95

14
Premier retour des efforts romains pour éradiquer le problème ligure…………………………………………..101

15
Contre attaque éclair de Bandol de Foxtraon et de ses meilleurs hoplites………………………………103

16
Retour de flamme romain, grande attaque massive ………………………………………………………...109

17
Guerre psychologique romaine……………………...115

18
Mort de Foxtraon / élection d'un nouveau Strategos ………………………………………………………...119

19
L'arrivée de Nasidius………………………………..125

20
La bataille navale de Tauroentum……..……...135

21
La colère de César………………………………141

22
Fin de la trêve , reprise des combats……………..155

23
Suicide du nouveau strategos………………….165

24
Nouvelle stratégie de César: les tours catapultes 167

25
Pourparler : les Grecs cherchent à gagner du temps pour préparer leur défense……………..…………175

26
L'incendie des tours…………………………...179

27
La loi romaine de la défaite, l'abîme caché de César ……………………………………………...183

28
Le retour des tours /la contre attaque grecque inattendue/l'attaque du commando d'élite romain   189

29
César éjecté des opérations / nouveau général nommé et nouvelle stratégie……………………….195

30
Échec du nouveau stratège romain……………..201

31
Retour au manoeuvre de César……………...203

32
Nouvelle attaque massive dirigée par César, emploi des Ligures issus de la décimation……………......207
33
Victoire des Grecs sur l'attaque ligure……………213
34
Intervention des Evocati………………..………..215
35
Nouvelle attaque massive romaine, une légion pour Tauroeïs……………………………………….…..219
36
L'aide Telonnaise, victoire grecque……..………...223
37
César paye de lui même la défaite selon une loi obscure romaine………………………………………...227
38
Fin des combats, relâche ,la stratégie romaine de la ruse pendant les négociations………………..……...229
39
Stratégie gagnante / la percée romaine…………...233
40
La chute de la forteresse des élites après deux mois de siège……………………………………….………..237
41
1er tentative grecque de reprise de la forteresse.243
42
Reprise grecque de la forteresse, et de Massalia.247
43
César fuit habillé en serviteur……………………...249

44
La désolation de Massalia/ attaque de la flotte massive romaine venue en découdre……………………255
45
Nouvelle prise romaine de la forteresse des élites261
46
Reprise grecque de la forteresse……………..……..263
47
Tauroeïs vendue, abandonnée aux Romains……...265
48
Le génocide de Tauroeïs…………………………...271
49
Démantèlement romain de la forteresse………....…277
50
Analogie contemporaine / la cerise sur le gâteau.283

Plans

Muraille défensive est ………………………….…..292
Forteresse de Tauroeïs……………………………..294
Bastion nord……………………………………….…295
Tour fortin/ceinturon défensif…………………….…296
Porte nord……………………………………….……297
Porte sud………………………………………….…..298
Bataille navale de Tauroeïs/Tauroentum………....299

Bibliographie numérique

Note 1 Ségobriges p20

"Ségobriges." *Wikipédia, l'encyclopédie libre*. 6 janv. 2025, 14:24 UTC. 6 janv. 2025, 14:24 <http://fr.wikipedia.org/w/index.php?title=S%C3%A9gobriges&oldid=221848515>.

Note 2   p20

La prise de Marseille par les Ségobriges : un échec

[article] Marcel Meulder Dialogues d'histoire ancienne Année 2004 30-1   pp. 11-32

https://www.persee.fr/doc/dha_0755-7256_2004_num_30_1_2699
page consultée le 9 janvier 2025

note 3 Deciates p39
"Déciates." *Wikipédia, l'encyclopédie libre*. 24 nov. 2021, 16:50 UTC. 24 nov. 2021, 16:50 <http://fr.wikipedia.org/w/index.php?title=D%C3%A9ciates&oldid=188280188>.

Note 4 evocati p216
"Evocati." *Wikipédia, l'encyclopédie libre*. 14 août 2024, 23:10 UTC. 14 août 2024, 23:10 <http://fr.wikipedia.org/w/index.php?title=Evocati&oldid=217686914>.